酒店财务部

精细化管理与标准化服务

王兰会　编著

人民邮电出版社
北　京

图书在版编目（CIP）数据

酒店财务部精细化管理与标准化服务 / 王兰会编著
. -- 北京 : 人民邮电出版社, 2016.3
ISBN 978-7-115-41847-0

Ⅰ. ①酒… Ⅱ. ①王… Ⅲ. ①饭店－财务管理 Ⅳ.
①F719.2

中国版本图书馆CIP数据核字(2016)第034911号

内容提要

互联网技术和大数据技术的快速发展，给酒店业带来了机遇与挑战。就酒店财务部来说，大数据带来的挑战和工作方式的变革是酒店管理人员尤其是酒店财务管理人员不可回避的现实。

为了帮助酒店财务部在新形势下做好转型和精细化管理，提升竞争能力，提升内外部用户体验，本书从“精细化管理”和“标准化服务”两个角度出发，全面细化了酒店财务部的各大工作事项。全书采用图文并茂的形式，将酒店收银处、会计处、稽核处、财务处、采购处等部门的岗位设置、岗位职责、岗位绩效考核、工作程序、服务标准等一一展现。同时，为了方便读者直接开展相关工作，本书还给出了工作执行过程中所需的文书或表单。

本书适合酒店管理人员阅读，也适合作为酒店财务部一线人员的岗位培训教材和高校酒店管理专业的教材教辅。

◆ 编　　著　王兰会
　责任编辑　许文瑛
　责任印制　焦志炜

◆ 人民邮电出版社出版发行　　北京市丰台区成寿寺路11号
　邮编 100164　　电子邮件 315@ptpress.com.cn
　网址 http://www.ptpress.com.cn
　北京虎彩文化传播有限公司印刷

◆ 开本：787×1092　1/16
　印张：13　　2016年3月第1版
　字数：200千字　　2025年8月北京第38次印刷

定　价：39.00元

读者服务热线：（010）81055656　印装质量热线：（010）81055316

反盗版热线：（010）81055315

前言

互联网的快速发展，大数据的风起云涌，给传统的酒店业带来了机遇与挑战。有业内人士表示，酒店行业已经从“连锁时代”进入了“互联网时代”，急速扩张的互联网周边应用是酒店业未来发展的大势所趋。但是，不管技术手段如何先进，服务手段如何创新，在这个行业，一餐一宿的质量和品质依旧重要，甚至可以这么说，用户体验和服务正在成为酒店行业新的竞争重心。

紧跟潮流，不断创新，是互联网+大潮对酒店业提出的新挑战、新要求，酒店业在迎接这个挑战的过程中，除了要引入互联网思维、应用互联网技术，更要回归商业的本质，找到用户真正的痛点、痒点，为用户创造价值。

为了帮助酒店业做好转型、提升服务质量，顺利实现互联网+，普华经管联合弗布克管理咨询公司，从“**精细化管理**”和“**标准化服务**”两个最具价值也是酒店业在互联网时代转型突围的重要角度入手，开发了**《酒店财务部精细化管理与标准化服务》《酒店营销部精细化管理与标准化服务》《酒店餐饮部精细化管理与标准化服务》《酒店前厅部精细化管理与标准化服务》《酒店客房部精细化管理与标准化服务》**共五本图书。

五本图书分别阐述了酒店财务部、营销部、餐饮部、前厅部、客房部五个部门的管理事宜和具体工作开展的标准。同时，为了迎合当下酒店业转型和互联网+的趋势，加入了之前酒店管理类图书极少涉及的内容，比如大数据对酒店财务部管理的影响、餐饮部如何应用大数据、大数据在酒店前厅业务中的应用、互联网+对酒店营销工作的影响、移动互联网在客房部运营中的应用等。

《酒店财务部精细化管理与标准化服务》一书对大数据时代酒店财务部的运作趋势进行了分析，并从新形势出发，对酒店财务部的**岗位设置、岗位职责、绩效目标、工作程序、关键问题**逐一展开论述。

岗位设置：针对酒店财务部提供的每一项服务，设定相应的服务岗位，明确岗位名称、岗位数量和层级关系。

岗位职责描述：针对酒店财务部每一个具体的工作岗位，对岗位职责予以详细描述，明确任职者的具体工作事项和在组织中所处的位置。

岗位绩效考核：针对酒店财务部每一个具体的工作岗位，设计考核内容、考核指标及目标值，以便于管理人员、人力资源部开展绩效考核评价工作。

工作程序：针对酒店财务部日常工作，均进行工作程序和步骤设计，设定明确、具体的服务目标，并就关键问题点进行特别提醒和说明。

服务标准：针对酒店财务部每项具体工作要达到的要求，给出详尽的服务标准和规范，让读者清楚每项工作应达到的标准。

文书表单：针对酒店财务部的每项工作，给出执行过程中所需的文书或表单，方便读者参照使用。

问题解决：针对酒店财务人员在工作中经常会遇到的问题，给出了问题解决方案，帮助酒店财务人员解决现存的问题、预防可能发生的问题。

在本书编写过程中，彭召霞、孙立宏、刘井学负责资料的收集和整理，贾月、邹霞、贾晶晶负责图表的编排，姚小风负责编写本书的第一章，刘俊敏负责编写本书的第二章，宋丽娜负责编写本书的第三章，高春燕负责编写本书的第四章，赵全梅负责编写本书的第五章，毛文静负责编写本书的第六章，全书由王兰会统撰定稿。

目　录

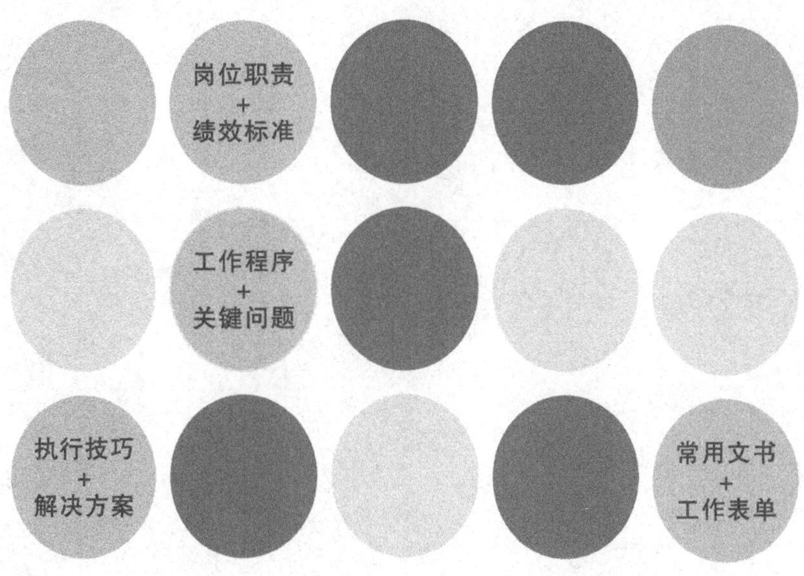

第一章

财务部岗位设置与规范制度设计

第一节　财务部服务事项与岗位设置

一、大数据对财务部运作的影响

大数据时代，酒店财务部应从传统的附属职能部门转变为核心职能部门。具体来说，大数据对酒店财务部运作的影响主要体现在以下几个方面。

1. 促进并加强了管理会计的职能

酒店财务部工作人员利用互联网和数据技术，把财务信息及非财务信息都综合、梳理至管理会计系统中，根据酒店决策的需要，经过加工形成各种各样的报告。同时，通过推进管理会计职能的不断完善，加强各项业务的计划与预算能力，为业务部门的考核提供有效的数据支持。

2. 缩短了全面预算周期，提升了预算工作效能

在大数据和互联网 + 时代，酒店财务部工作人员享受到了大数据带来的便利。一方面，财务人员处理各类数据的效率有了很大的提升，使得预算工作周期大为缩短；另一方面，财务人员依托互联网、运用大数据技术，避免人为处理数据可能造成的错误，提高了预算数据的可靠性。

此外，运用多维的数据模型支持多张报表的运行，只要改动某一个地方，相关联的报表和数据就会自动调整，这样就大大减少了财务人员的计算工作量。

3. 大数据时代酒店内部审计工作的改变

内部审计对酒店业务的持续运营至关重要，该项工作所需的数据应该是全面的、准确的。内部审计工作必须全面、准确地评价酒店各个运营部门的收支，不仅要发现当下存在的问题，还要通过数据模型的演算揭露未来的风险和隐患。

在大数据时代，内部审计工作的改变主要体现在审计的方式发生了明显的改变。首先，大数据技术使得连续审计、全面审计成为可能，审计不再是后向地发现问题、找出问题，而是全面监测酒店业务的运营，避免了传统审计工作的时间浪费和时滞性问题。同时，大数据使得审计工作中的数据抽放方式变得更系统、更模块化，能预测数据形成规律和变化趋势，而非局部地选取部分数据。

当然，大数据技术和计算机强大的数据处理能力也大大提高了审计人员的工作效率和工作准确性。

4. 互联网 +、大数据技术对酒店财务安全性的挑战

互联网 +、大数据技术都需要与一些商业模式、社交媒体等进行捆绑式的开发，这在无形中使得客户个人信息及企业经营信息等数据被“曝光”。酒店高层管理人员，特别是财务管理人员在应用这两项技术时，应该做好主动防御措施，既要接受大数据时代的到来，又要做好风险防范和准备工作。

二、财务部服务事项

服务事项要点	服务事项描述
1. 财务制度规范和预算管理	（1）编制、调整和落实酒店财务规划 （2）编制、调整和落实酒店财务规章制度、财务预算 （3）编制、调整和落实酒店年度、季度、月度财务计划
2. 会计核算	（1）核算酒店各项营业收入 （2）核算酒店利润和利润分配 （3）核算酒店成本、费用和税金 （4）核算酒店资产、负债和所有者权益 （5）汇总保存酒店各类原始凭证和记账凭证
3. 收入管理	（1）开展酒店收银业务 （2）开展酒店外币的兑换业务 （3）收集和统计酒店营业收入信息
4. 审计管理	（1）进行营业收入的日审和夜审工作 （2）组织开展酒店年度内外部审计工作
5. 账款管理	（1）进行酒店欠款的催收管理 （2）定期对欠款单位进行审查 （3）酒店各类应付账款的管理
6. 成本管理	（1）监控酒店日常财务支出 （2）酒店餐饮进出的跟进管理 （3）控制酒店采购成本和库存成本 （4）酒店固定资产、流动资产和无形资产管理
7. 资金管理	（1）进行酒店库存现金的管理 （2）检查酒店备用金使用情况 （3）参与和审查酒店投资项目决策 （4）参与和审查酒店融资项目和决策
8. 财务分析和评估	（1）定期对财务运作情况进行分析 （2）提供财务运作的改进建议和报告

三、财务部岗位设置

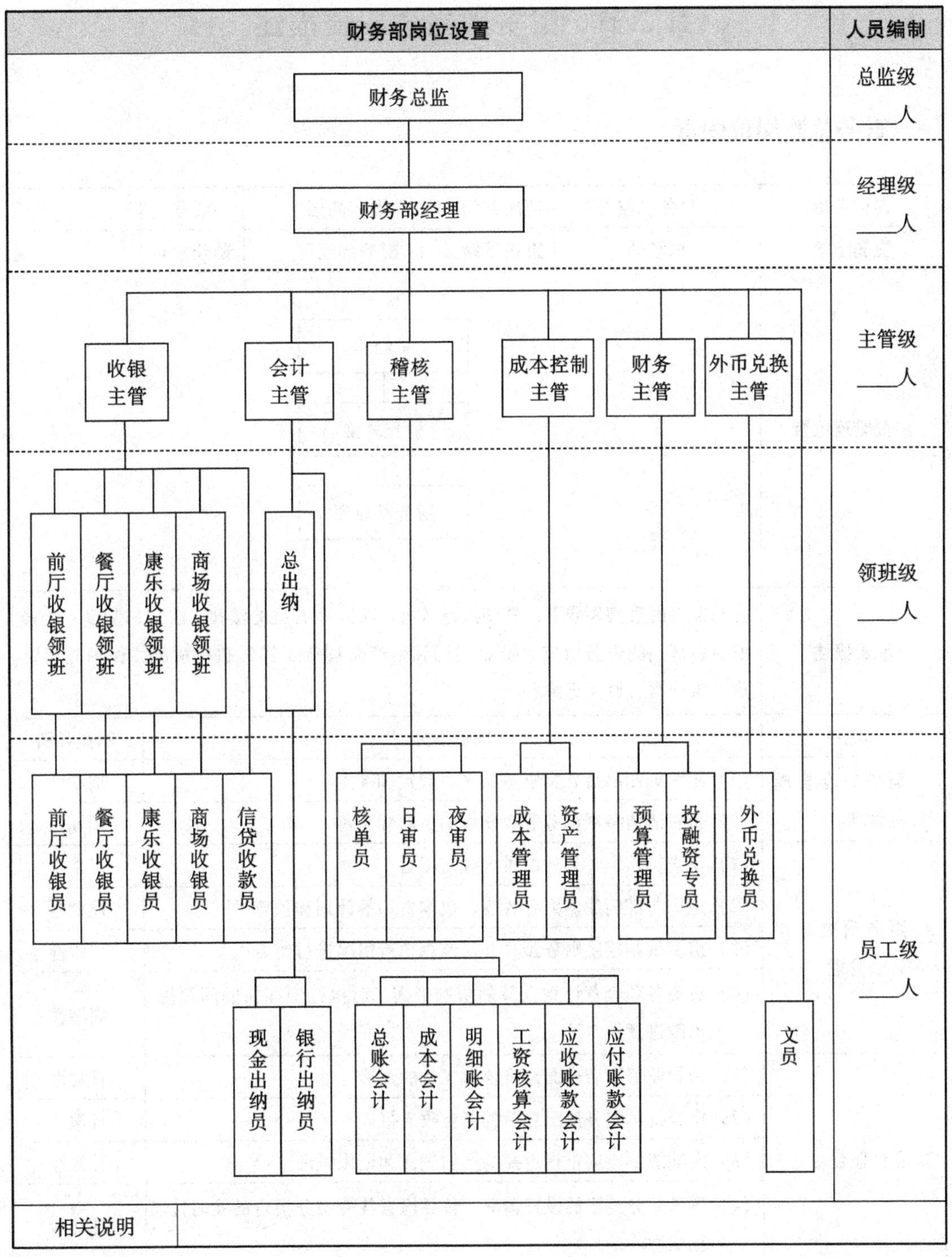
财务部岗位设置
人员编制
财务总监
总监级
____人
财务部经理
经理级
____人
收银主管
会计主管
稽核主管
成本控制主管
财务主管
外币兑换主管
主管级
____人
前厅收银领班
餐厅收银领班
康乐收银领班
商场收银领班
总出纳
领班级
____人
前厅收银员
餐厅收银员
康乐收银员
商场收银员
信贷收款员
核单员
日审员
夜审员
成本管理员
资产管理员
预算管理员
投融资专员
外币兑换员
现金出纳员
银行出纳员
总账会计
成本会计
明细账会计
工资核算会计
应收账款会计
应付账款会计
文员
员工级
____人
相关说明

第二节　财务部岗位职责描述

一、财务总监岗位职责

<table>
<tr><td>岗位名称</td><td>财务总监</td><td>所属部门</td><td>酒店高层</td><td>编号</td><td></td></tr>
<tr><td>直属上级</td><td>总经理</td><td>直属下级</td><td>财务部经理</td><td>晋升方向</td><td></td></tr>
<tr><td>所处管理位置</td><td colspan="5">总经理
财务总监
财务部经理</td></tr>
<tr><td>职责概述</td><td colspan="5">在总经理的直接领导下，贯彻执行《会计法》和有关的法律、法规、制度，监督酒店各部门的财务收支、资金使用和财产管理等工作的执行情况，保护酒店财产，维护酒店财经纪律</td></tr>
<tr><td>职责</td><td colspan="4">职责细分</td><td>职责类别</td></tr>
<tr><td rowspan="2">1. 财务制度与规范管理</td><td colspan="4">（1）组织编制酒店各类财务制度、规定和准则</td><td>周期性</td></tr>
<tr><td colspan="4">（2）负责酒店各项财务管理制度的更新和完善</td><td>周期性</td></tr>
<tr><td rowspan="4">2. 财务预决算和计划管理</td><td colspan="4">（1）审查、核定计划外的重大收支项目</td><td>日常性</td></tr>
<tr><td colspan="4">（2）组织各部门编制财务收支、成本费用等计划和预算</td><td>周期性</td></tr>
<tr><td colspan="4">（3）组织编制年度财务预算并对预算执行情况进行监督</td><td>日常性</td></tr>
<tr><td colspan="4">（4）负责各项经营计划预算的协调平衡，对执行中存在的问题提出改进意见</td><td>周期性</td></tr>
<tr><td rowspan="4">3. 会计监督</td><td colspan="4">（1）指导监督酒店全面经济核算工作的开展</td><td>日常性</td></tr>
<tr><td colspan="4">（2）审查批示财务部汇总后的营业收入报表</td><td>日常性</td></tr>
<tr><td colspan="4">（3）定期或不定期审核重要的原始凭证和记账凭证</td><td>日常性</td></tr>
<tr><td colspan="4">（4）审核总分类账的设置情况，督导检查各种财务报告的及时性、正确性</td><td>日常性</td></tr>
</table>

（续）

职责	职责细分	职责类别
4. 财务管理	（1）负责各部门重要用款项目的签批	周期性
	（2）负责酒店重要经济事项的效益评价	日常性
	（3）负责酒店重要投融资项目的评估和审核	周期性
	（4）合理筹集调度资金，确保酒店资金营运正常	周期性
	（5）定期向酒店总经理汇报酒店财务收支、经营成果和资金变动情况，呈报重要会计报表和财务报告	日常性
	（6）统筹酒店的外汇管理工作	日常性
5. 审计管理	（1）协同外部审计单位完成外部审计工作	周期性
	（2）指导酒店日常收入审计和定期审计工作的开展	日常性
6. 参与经营决策	（1）参与酒店信用政策和物价政策的制定	日常性
	（2）参加酒店重要会议并提出合理化建议	日常性
	（3）参与主要经济合同的谈判、签署，并监督执行情况	日常性
7. 其他工作	（1）负责财务部经理的任用和考核工作	日常性
	（2）协调酒店各部门在财务控制中的关系	日常性
	（3）负责与财政、银行、税务、外汇和保险机构沟通协调重要财务事项	日常性

二、财务部经理岗位职责

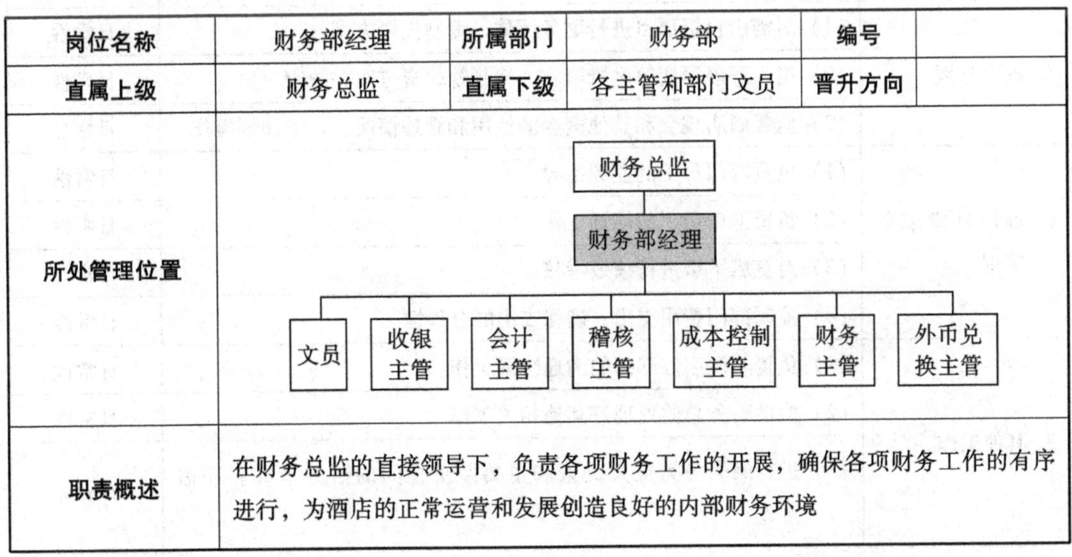

岗位名称	财务部经理	所属部门	财务部	编号	
直属上级	财务总监	直属下级	各主管和部门文员	晋升方向	
所处管理位置	财务总监 → 财务部经理 → 文员、收银主管、会计主管、稽核主管、成本控制主管、财务主管、外币兑换主管				
职责概述	在财务总监的直接领导下，负责各项财务工作的开展，确保各项财务工作的有序进行，为酒店的正常运营和发展创造良好的内部财务环境				

（续）

职责	职责细分	职责类别
1. 财务制度与预算管理	（1）编制财务部各项工作的操作流程与规范	周期性
	（2）编制并落实酒店财务预算和财务收支计划	周期性
	（3）编制酒店各项财务制度和规范，建立健全酒店内部控制制度	日常性
	（4）监督各项财务制度、规范的执行情况，及时解决问题	日常性
2. 收银及核算业务管理	（1）组织制定酒店会计科目	日常性
	（2）监督酒店工资核算和发放工作	日常性
	（3）监督酒店各类税金的缴纳工作	日常性
	（4）监督收银工作，审核营业收入和支出	日常性
	（5）定期或不定期审核原始凭证和记账凭证的准确性及真实性	日常性
3. 财务报告和报表管理	（1）负责酒店财务报告的编制	周期性
	（2）负责酒店重要财务报表的编制	周期性
	（3）审核财务日报表、月报表及年度报表	周期性
4. 成本控制	（1）定期对酒店财务收支情况进行汇总和分析	周期性
	（2）负责酒店重要采购申请项目的审核和监督落实	日常性
	（3）指导财务盘点工作的开展，掌握酒店财产情况	日常性
	（4）组织开展各类资产（包括固定资产、无形资产等）的管理工作	日常性
	（5）定期向财务总监汇报财务收支情况，呈报会计报表和财务报告	日常性
5. 资金管理	（1）对酒店投资项目进行财务评估，编制投资方案	日常性
	（2）组织开展酒店筹融资事宜，编制筹融资方案并报审	日常性
	（3）监督酒店现金和其他资金的使用和管理情况，杜绝违规操作	日常性
6. 部门日常事务管理	（1）负责部门员工的业务指导	日常性
	（2）负责部门员工的培训工作	日常性
	（3）对直属下级进行绩效考核	日常性
	（4）控制部门费用支出，确保支出的合理性	日常性
7. 其他工作	（1）负责与酒店各部门的沟通协调工作	日常性
	（2）协助财务总监处理好其他相关工作	日常性
	（3）进行酒店各类重大决策和重要经济合同的财务审核和评估工作	日常性

第三节　财务部岗位绩效考核量表

一、财务总监绩效考核量表

序号	考核内容	考核指标及目标值	考核实施	
			考核人	考核结果
1	控制财务费用	财务预算与决算的差异率控制在____%内		
		费用净利润率控制在____%以内		
2	开展投融资管理	投资回报率达____%		
		净资产收益率达____%以上		
		投资计划完成率达____%以上		
		融资计划完成率达____%以上		
3	调配和管理资金	资金利用率达____%以上		
		资金周转期限不超过____天		
4	监督会计业务的开展	会计违规操作次数为0次		
		会计核算准确率达到100%		
5	物资采购与仓储管理	采购成本下降率达____%		
		物资盘点差错率控制在____%以内		
6	审计管理	外部审计在规定的时间内一次性通过		
		收银审计差错率控制在____%以内		

二、财务部经理绩效考核量表

序号	考核内容	考核指标及目标值	考核实施	
			考核人	考核结果
1	控制财务费用支出	本部门费用支出控制在预算范围内		
		监督各部门在业务预算范围内开展工作		
2	监督会计核算业务操作	会计核算业务违规操作次数为0次		
		会计报表编制准确率达到100%		
		工资、奖金核发准确率达到100%		

（续）

序号	考核内容	考核指标及目标值	考核实施	
			考核人	考核结果
3	投融资管理	投融资方案编制及时率达到 100%		
		投融资方案领导满意度评分达____分以上		
4	酒店物资采购管理	物资质量合格率达____%		
		物资采购及时率达到 100%		
		采购成本及费用支出控制在预算范围之内		
5	财务报告管理	财务报告提交及时率达到 100%		
		财务报告引用数据的准确率为 100%		
6	处理重大投诉	业务投诉受理及时率达到 100%		
		投诉处理满意率达____%以上		
7	员工管理	员工培训达标率达____%以上		
		员工绩效考核合格率达____%以上		

第四节　财务部服务标准与服务规范

一、会计凭证处理规范

酒店财务部服务标准与服务规范文件		文件编号		版本	
标题	会计凭证处理规范	发放日期			

1. 会计凭证的构成

（1）原始凭证。

（2）记账凭证。记账凭证又包括收款凭证和付款凭证。

2. 会计凭证的填制规范

（1）原始凭证在任何一笔经济业务发生时取得或者填写。各种原始凭证必须保证项目真实、数字准确、手续完备。自制的原始凭证需由经办业务的部门负责人和经办人员签字盖章，方能生效。

（续）

（2）各种记账凭证必须填明日期、编号、业务内容摘要、会计科目、金额等。经过制单人、指定的审核人员和财务部负责人签字盖章后，据此记账。

（3）手工填制的会计凭证不得刮擦、挖补，也不得涂改或用褪色药水消除字迹。填制发生错误时，应根据错误的具体情况，采用画线或另行填制记账凭证的方法予以改正。以画线方式更正时，应由记账人员在更正处盖章或签名。

3. 会计凭证的汇总和保存

（1）在汇总各种记账凭证及所附的原始凭证时，均须记明凭证种类、张数、起讫号码和所属年度、月份，并由相关人员签证后归档保管。

（2）根据行业或酒店规定需要永远保存的重要凭证，应单独保管，并在该项原始凭证和有关记账凭证上加注保存说明。

（3）对外开出的凭证要依次编号，并应自留副本或存根，副本或存根上所记载的内容和金额必须与正本一致。副本和存根应妥善保存。误写或收回作废的对外凭证的正本，应附于原编号的副本或存根之上。短缺或无法收回的凭证，应在副本或存根上注明原因。

4. 空白凭证的管理规范

（1）财务部对尚未使用的重要空白凭证，如支票簿、现金收据等，要专设登记簿进行登记，妥善保管，防止丢失。

（2）在领用空白凭证时，先由指定人员批准并进行准确登记，再由领用人签名，最后方可领走空白凭证。

<table>
<tr><td>签阅栏</td><td></td><td colspan="4">如同意下述两点，请在签阅栏处签字
（1）本人保证严格按此文件要求执行工作
（2）本人有责任在发现问题时，第一时间向本文件审批人提出修改意见</td></tr>
<tr><td>相关说明</td><td colspan="5"></td></tr>
<tr><td>编制人员</td><td></td><td>审核人员</td><td></td><td>审批人员</td><td></td></tr>
<tr><td>编制日期</td><td></td><td>审核日期</td><td></td><td>审批日期</td><td></td></tr>
</table>

二、办公用品财务处理规范

<table>
<tr><td colspan="2">酒店财务部服务标准与服务规范文件</td><td>文件编号</td><td></td><td>版本</td><td></td></tr>
<tr><td>标题</td><td>办公用品财务处理规范</td><td>发放日期</td><td colspan="3"></td></tr>
<tr><td colspan="6">1. 办公用品的领用
（1）酒店各部门每季度编制办公用品领用计划，办公用品的项目包括笔、纸、计算器、账册、凭证以及其他办公用品。
（2）财务部根据各部门上报的领用计划统一采购，并交给仓库保管。酒店各部门每月领用一次办公用品。
（3）各部门在领用办公用品时，必须填写一式两联的办公用品领用单，并需部门负责人签字。
（4）各部门领用人在领取办公用品后，由仓管员在领用单上签名，领用部门取回领用单的一联作为部门财务或文员记录之用，另一联由仓库按月装订并制作成便查簿以备检查。
（5）酒店的办公用品除个别零星急需外，严禁各部门自行采购和复制使用。
2. 办公用品的入库
仓库保管员在收到财务部统一采购的办公用品并验收无误后，需在入库办公用品的发票上签收，并立即登记商品货卡，不再另外出具验收单。
3. 办公用品账务结算
财务部在对进货原始发票票面的品名、规格、数量、金额以及仓管员和经手人签名进行审查后，方可进行账务处理。
4. 办公用品的财务核算
办公用品直接摊入费用进行列支，列支科目为“管理费——办公用品”。</td></tr>
</table>

<table>
<tr><td>签阅栏</td><td></td><td colspan="4">如同意下述两点，请在签阅栏处签字
（1）本人保证严格按此文件要求执行工作
（2）本人有责任在发现问题时，第一时间向本文件审批人提出修改意见</td></tr>
<tr><td>相关说明</td><td colspan="5"></td></tr>
<tr><td>编制人员</td><td></td><td>审核人员</td><td></td><td>审批人员</td><td></td></tr>
<tr><td>编制日期</td><td></td><td>审核日期</td><td></td><td>审批日期</td><td></td></tr>
</table>

三、酒店资金筹集工作规范

<table>
<tr><td colspan="2">酒店财务部服务标准与服务规范文件</td><td>文件编号</td><td></td><td>版本</td><td></td></tr>
<tr><td>标题</td><td>酒店资金筹集工作规范</td><td>发放日期</td><td colspan="3"></td></tr>
<tr><td colspan="6">1. 酒店财务部在筹集资金时，必须按照国家法律、法规及旅游饮食服务行业的财务规范和要求进行，可一次筹集，也可分期筹集。
2. 酒店资金的筹集方式
（1）银行贷款。
（2）向其他单位临时借款。
（3）向内部员工筹集。
（4）由投资者增加投资额。
3. 资金筹集项目的审核审批
（1）酒店根据需要可用固定资产作为抵押向银行或其他单位借款，向银行贷款时须报酒店总经理批准。
（2）借款额度超过实收资本 20% 以上的借款项目，应单独编制可行性报告并报酒店总经理批准。
4. 资金的使用
（1）各方筹集的资金应严格按借款合同规定的用途使用，严禁挪作他用。
（2）资金使用应严格按审批权限及规定的程序办理，大额开支一般要事先列入财务计划，并附上经济收益预测资料。</td></tr>
<tr><td>签阅栏</td><td></td><td colspan="4">如同意下述两点，请在签阅栏处签字
（1）本人保证严格按此文件要求执行工作
（2）本人有责任在发现问题时，第一时间向本文件审批人提出修改意见</td></tr>
<tr><td>相关说明</td><td colspan="5"></td></tr>
<tr><td>编制人员</td><td></td><td>审核人员</td><td></td><td>审批人员</td><td></td></tr>
<tr><td>编制日期</td><td></td><td>审核日期</td><td></td><td>审批日期</td><td></td></tr>
</table>

第五节 财务部精细化管理制度设计

一、利润管理制度

制度名称	利润管理制度			受控状态	
				编号	
执行部门		监督部门		考证部门	

第 1 条 利润目标的制定和修改

（1）总经理在每年年初下达各部门的利润目标。

（2）各部门必须尽力达成利润目标。

（3）各部门确因特殊情况无法完成年初制定的利润目标时，必须说明原因，经总经理批准后，可核减指标。

第 2 条 控制费用开支

经酒店进行平衡后下达的各部门费用开支项目，各部门必须严格遵守，并通过增加资金周转次数、优化内部管理等方法降低费用水平。费用开支不得超出酒店下达的费用额。

第 3 条 各部门的利润缴纳和核算

（1）各部门在次月 10 日之前需向财务部上交本月利润，如遇特殊情况无法按时提交时，须报主管领导批准后适当延迟，但最晚不得迟于次月 15 日。

（2）各部门负责本部门利润的明细核算，根据有关凭证正确计算销售收入、成本、费用、税金及利润。

第 4 条 酒店利润的计算

酒店利润 = 营业收入 + 投资净收益 + 营业外收入 − 营业税金 − 营业成本 − 营业费用 − 管理费用 − 营业外支出 − 财务费用

（1）投资净收益是指酒店对外投资所取得的收益，减去发生的投资损失和计提的投资减值准备后的净额。

（2）营业外收入包括固定资产盘盈和出售净收益、罚款净收入、礼品折价收入、因债权人原因确实无法支付的应付款项及其他收入。

（3）营业外支出包括固定资产盘亏和毁损、报废、出售净损失、赔偿金、违约金、罚款、捐赠以及其他支出。

第 5 条 利润的分配

酒店每年交纳所得税后的利润，根据相关规定按照下列顺序进行分配。

（1）支付各项税金的滞纳金、罚金以及被没收的财物损失。

（续）

<table>
<tr><td colspan="6">（2）弥补酒店以前年度的亏损。
（3）提取法定盈余公积金。
（4）按公司规定的金额上交未分配利润。</td></tr>
<tr><td>签阅栏</td><td></td><td colspan="4">本人已收到《利润管理制度》（编号：________），并认真阅读完毕。本人同意遵守制度中的相关规定，也同意酒店有权修改本制度的相关内容，所修改的制度经批准通过、开始实行后，本人也将严格遵照执行。</td></tr>
<tr><td>相关说明</td><td colspan="5"></td></tr>
<tr><td>编制日期</td><td></td><td>审核日期</td><td></td><td>批准日期</td><td></td></tr>
<tr><td>修改标记</td><td></td><td>修改处数</td><td></td><td>修改日期</td><td></td></tr>
</table>

二、财务部例会管理制度

<table>
<tr><td rowspan="2">制度名称</td><td colspan="3" rowspan="2">财务部例会管理制度</td><td>受控状态</td><td></td></tr>
<tr><td>编号</td><td></td></tr>
<tr><td>执行部门</td><td></td><td>监督部门</td><td></td><td>考证部门</td><td></td></tr>
<tr><td colspan="6">第 1 条　为了及时了解和有效解决部门内部的各类问题，加强部门内部沟通协作，提高部门工作质量，特制定本制度。
第 2 条　财务部根据工作需要召开部门例会和收银员例会。
第 3 条　部门例会
（1）时间：原则上定为每周五 17：00，如遇特殊情况另作调整。
（2）参加人：财务部经理负责例会的主持工作，财务部全体人员参加例会。
（3）例会内容如下。
①财务部经理传达酒店部门例会的会议精神。
②财务部各处汇报一周工作情况，包括信用、成本、收银情况等。
③财务部经理分析一周客户投诉情况，提出工作改进意见。
④财务部经理总结一周工作情况并强调下一阶段的工作重点。
⑤财务部经理根据业务情况，利用例会开展员工培训。
第 4 条　收银员会议
（1）时间：原则上定为每周五 15：00，如遇特殊情况另作调整。
（2）参加人：收银处全体工作人员、财务部经理和文员。</td></tr>
</table>

（续）

<table>
<tr><td colspan="6">（3）内容：该会议属于部门内部的协调会议，会议对一周的工作情况进行总结，提出应与其他部门沟通、协调的问题及工作中有待解决的问题。</td></tr>
<tr><td>签阅栏</td><td></td><td colspan="4">本人已收到《财务部例会管理制度》（编号：________），并认真阅读完毕。本人同意遵守制度中的相关规定，也同意酒店有权修改本制度的相关内容，所修改的制度经批准通过、开始实行后，本人也将严格遵照执行。</td></tr>
<tr><td>相关说明</td><td colspan="5"></td></tr>
<tr><td>编制日期</td><td></td><td>审核日期</td><td></td><td>批准日期</td><td></td></tr>
<tr><td>修改标记</td><td></td><td>修改处数</td><td></td><td>修改日期</td><td></td></tr>
</table>

三、财务部安全管理制度

<table>
<tr><td rowspan="2">制度名称</td><td colspan="3" rowspan="2">财务部安全管理制度</td><td>受控状态</td><td></td></tr>
<tr><td>编号</td><td></td></tr>
<tr><td>执行部门</td><td></td><td>监督部门</td><td></td><td>考证部门</td><td></td></tr>
<tr><td colspan="6">第 1 条　财务部认真贯彻执行国家在财务安全方面的法规、制度和有关规定，并定期进行安全检查，发现问题和漏洞及时汇报、妥善处理。
第 2 条　营业收入安全管理
1. 营业结账完毕，财务部及现金收款台收银员须将现金、支票上交财务部专门负责人，锁入专用保险柜，店内各收银站点不得存留现金过夜。
2. 营业收入的外汇要按财务管理规定上缴入库，严禁私自套汇、转让。
第 3 条　总出纳室安全管理
1. 总出纳室为财务部重要科室，无关人员不得入内。
2. 总出纳室门窗要安装可靠的防护装置，室内应有保安监控和防盗报警装置。
第 4 条　取送款安全管理
1. 财务人员前往银行存取现金、支票时，必须有专车接送，并由保安人员全程护卫。
2. 取送款途中禁止任何无关人员同车，未经批准不得在途中办理任何与此项工作无关的事宜。
第 5 条　保险柜安全管理
1. 存放现金必须使用保险柜，并有专人管理。保险柜的钥匙和密码必须同时使用。下班时保险箱上锁后必须拨乱密码。存放的现金不得超过银行核定的限额。专管人员工作调动或调离时，密码应重新设置。</td></tr>
</table>

（续）

<table>
<tr><td colspan="6">2. 出纳员保险柜只提供一把钥匙发给收款员本人使用。总出纳查库时，须与收银主管一同进行。
3. 保险柜只许用来存放备用金，不许放置杂物等与工作无关的物品。保险柜钥匙须妥善保管，备用钥匙由总出纳保管，查库时备用。
4. 财务部所属出纳人员不得私配保险柜钥匙，不得将保险柜密码外传，节假日时要与保安部配合，对保险柜加封。
第 6 条　财务部严禁存放私人现金及贵重物品。各种钥匙印章指定专人保管，不得将钥匙带出酒店或随意放在不安全的地方。
第 7 条　支票、票证和凭证的管理坚持检验复核制度，支票和印章应存放在保险箱或保险柜内，严禁使用空白支票。</td></tr>
<tr><td>签阅栏</td><td></td><td colspan="4">本人已收到《财务部安全管理制度》（编号：________），并认真阅读完毕。本人同意遵守制度中的相关规定，也同意酒店有权修改本制度的相关内容，所修改的制度经批准通过、开始实行后，本人也将严格遵照执行。</td></tr>
<tr><td>相关说明</td><td colspan="5"></td></tr>
<tr><td>编制日期</td><td></td><td>审核日期</td><td></td><td>批准日期</td><td></td></tr>
<tr><td>修改标记</td><td></td><td>修改处数</td><td></td><td>修改日期</td><td></td></tr>
</table>

四、财务部费用报销管理制度

<table>
<tr><td rowspan="2">制度名称</td><td colspan="3" rowspan="2">财务部费用报销管理制度</td><td>受控状态</td><td></td></tr>
<tr><td>编号</td><td></td></tr>
<tr><td>执行部门</td><td></td><td>监督部门</td><td></td><td>考证部门</td><td></td></tr>
<tr><td colspan="6">第 1 条　酒店的一切费用开支需在核定批准的费用定额范围内实施，超支部分经酒店主管领导批准后，财务部方可予以报销。
第 2 条　各部门费用的报销流程
1. 报销人员如取得原始发票，报销时只需填制报销凭证，由经办人验收、领导签字即可报销，已批准的费用定额内的报销项目由部门经理签字，定额外的报销项目由酒店主管领导签字。
2. 未取得原始发票而需要预先付款时，相关人员经领导批准（已经批准的费用定额内的由部门经理签字，定额外的由酒店总经理签字）可以到财务部办理借款。借款批准后的一周之内办理费用报销手续。
第 3 条　下列费用项目不列入财务费用报销范围
1. 酒店对外投资的费用支出。</td></tr>
</table>

（续）

<table>
<tr><td colspan="6">2. 为购置、建造或转让无形资产、固定资产和其他资产而发生的费用支出。
3. 因违法、违规造成的费用支出，包括支付违约金、滞纳金、赔偿金、罚款等。
第 4 条　固定资产报销
1. 固定资产的报销范围限于事先批准的购置计划项目。
2. 固定资产在购置前可借用空白支票在计划范围内购置，或可通过事先办理借款手续借款购置。无论是空白支票购置还是借款购置，均须主管领导批准。
3. 财务部在办理报销手续时，需要核查固定资产卡片和编号。对于没有建立固定资产卡片和没有资产编号的固定资产，财务部不予报销。
第 5 条　流动资产报销
1. 财务部根据采购部提出的次月原材料及其他用品用具的采购计划，编制次月定额用款计划。
2. 财务部在报销已入库的材料物品时，须查验入库验收单，无入库验收单的不予报销。
3. 酒店采购部和工程部可借支备用金，以备零星购料周转和急需材料的采购。
4. 需要先支付预付款时，由相关部门人员填写借款单，报酒店主管领导批准后，财务部方可付款。</td></tr>
<tr><td>签阅栏</td><td></td><td colspan="4">本人已收到《财务部费用报销管理制度》（编号：________），并认真阅读完毕。本人同意遵守制度中的相关规定，也同意酒店有权修改本制度的相关内容，所修改的制度经批准通过、开始实行后，本人也将严格遵照执行。</td></tr>
<tr><td>相关说明</td><td colspan="5"></td></tr>
<tr><td>编制日期</td><td></td><td>审核日期</td><td></td><td>批准日期</td><td></td></tr>
<tr><td>修改标记</td><td></td><td>修改处数</td><td></td><td>修改日期</td><td></td></tr>
</table>

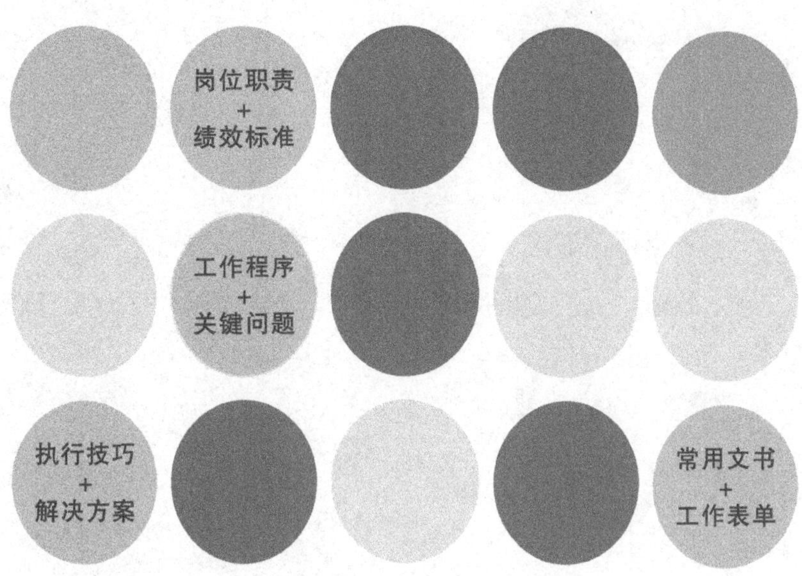

第二章

收银处精细化管理

第一节　收银处岗位描述

一、收银处岗位设置

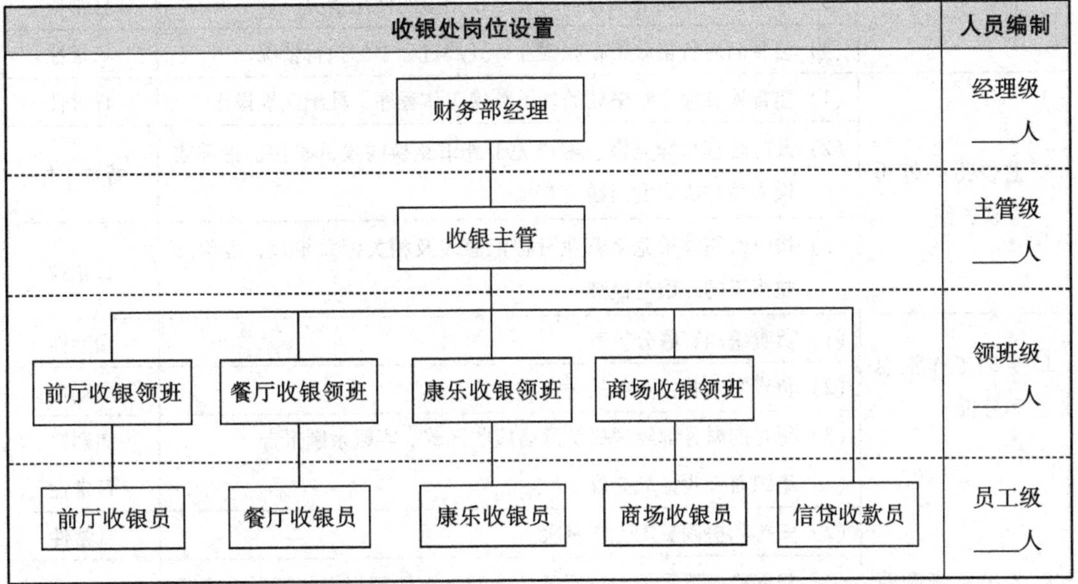

二、收银主管岗位职责

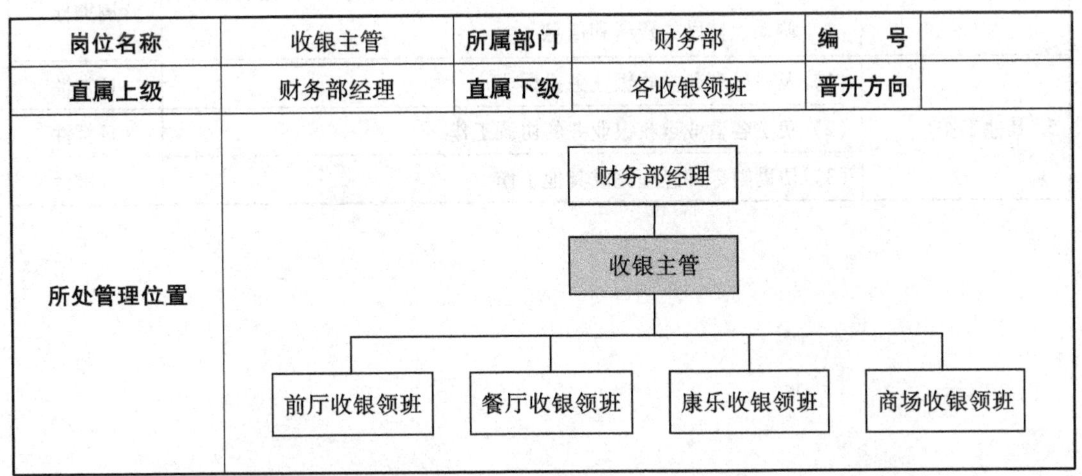

岗位名称	收银主管	所属部门	财务部	编　号	
直属上级	财务部经理	直属下级	各收银领班	晋升方向	
所处管理位置	财务部经理 收银主管 前厅收银领班　餐厅收银领班　康乐收银领班　商场收银领班				

（续）

职责概述	全面负责结账收银业务、外币兑换工作的开展，确保收银、外币兑换工作规范、准确、及时完成	
职责	职责细分	职责类别
1. 收银业务审核和检查	（1）审核各营业场所的收银收入与报表	日常性
	（2）检查各项收费的折扣、优惠的贯彻落实情况	日常性
	（3）定期、不定期地抽查各营业点备用金的使用情况	日常性
	（4）监督酒店价格政策在收银业务开展过程中的执行情况	日常性
2. 监督指导外币兑换工作	（1）监督检查前厅收银处的外币兑换工作程序，杜绝违规操作	日常性
	（2）及时处理特殊兑换、客户关于外币兑换的投诉事件，指导收银人员解决突发问题	特殊工作
	（3）按时编制外币兑换营业日报汇总表及相关汇总报表，准确反映当天的外币兑换额	日常性
3. 定期工作汇总和分析	（1）负责编制客账分析表	周期性
	（2）负责月末收银业务的对账和盘点工作	周期性
	（3）每月向财务部经理提供酒店应收账款、客账余额报告	周期性
4. 收银领班和收银员管理	（1）组织召开收银员会议	日常性
	（2）安排和协调员工工作班次	日常性
	（3）督促检查下属员工执行备用金和外汇管理规定并按时上交营业款	日常性
	（4）负责下属员工的培训、考核工作，提供下属员工任用、晋升、调动、奖励的资料和信息	周期性
5. 其他工作	（1）及时处理各类收银业务投诉	日常性
	（2）负责各营业点收银业务的协调工作	日常性
	（3）协助财务部经理完成其他工作	日常性

三、前厅收银领班岗位职责

<table>
<tr><td>岗位名称</td><td>前厅收银领班</td><td>所属部门</td><td>财务部</td><td>编　号</td><td></td></tr>
<tr><td>直属上级</td><td>收银主管</td><td>直属下级</td><td>前厅收银员</td><td>晋升方向</td><td></td></tr>
<tr><td>所处管理位置</td><td colspan="5">收银主管
前厅收银领班
前厅收银员</td></tr>
<tr><td>职责概述</td><td colspan="5">在收银主管的直接领导下，监督前厅收银点工作的有效开展并提供有效支持</td></tr>
<tr><td>职责</td><td colspan="4">职责细分</td><td>职责类别</td></tr>
<tr><td rowspan="7">1. 前厅账表、凭据、现金审查</td><td colspan="4">（1）检查各班现金、票证的上交和保管情况</td><td>日常性</td></tr>
<tr><td colspan="4">（2）检查收银员备用金的使用情况</td><td>日常性</td></tr>
<tr><td colspan="4">（3）检查前厅收银员的外币兑换工作开展情况</td><td>日常性</td></tr>
<tr><td colspan="4">（4）定期或不定期对账夹进行抽查</td><td>日常性</td></tr>
<tr><td colspan="4">（5）负责发票的使用、保管和监督</td><td>日常性</td></tr>
<tr><td colspan="4">（6）审核每日账单并检查是否具备充足凭证</td><td>日常性</td></tr>
<tr><td colspan="4">（7）对跑账或丢账单等问题要查清原因并及时向收银主管汇报</td><td>日常性</td></tr>
<tr><td rowspan="5">2. 前厅账款结算管理</td><td colspan="4">（1）每日检查客人消费超限额情况，及时向收银主管报告</td><td>日常性</td></tr>
<tr><td colspan="4">（2）掌握客人的付款情况，检查各旅行社、合约单位、长包房、各记账单位的账务结算是否正确</td><td>日常性</td></tr>
<tr><td colspan="4">（3）及时查看散客预交保证金、划押信用卡情况，对不给授权的信用卡要及时与客人联系并催收</td><td>日常性</td></tr>
<tr><td colspan="4">（4）每天检查未结账情况，并及时向上级领导进行汇报</td><td>日常性</td></tr>
<tr><td colspan="4">（5）提供酒店前厅现金结算的零钞兑换业务和外币兑换业务</td><td>日常性</td></tr>
<tr><td rowspan="2">3. 前厅收银设备管理</td><td colspan="4">（1）检查收银员对电脑、打印机、计算器、POS 机、EDC 机等设备的使用、维护、保养情况</td><td>日常性</td></tr>
<tr><td colspan="4">（2）负责后台保险箱的使用管理，填写使用记录并做好保险箱钥匙管理</td><td>日常性</td></tr>
</table>

（续）

职责	职责细分	职责类别
4. 前厅收银文件资料管理	（1）领取、发放和回收酒店代用券	日常性
	（2）负责前台收银各种单据、文件、合同的整理及保存归档	日常性
5. 前厅收银物料管理	（1）领用和分发前厅收银物料	日常性
	（2）负责前厅收银物料的分配和临时保管	日常性
6. 其他工作	（1）检查收银员的仪容仪表是否符合规定	日常性
	（2）负责安排所属收银员的排班、考勤和调班	日常性
	（3）监督所属收银员的工作和行为，及时纠正存在的问题	日常性
	（4）负责所管辖收银点的消防、安全、卫生等管理工作	日常性

四、前厅收银员岗位职责

岗位名称	前厅收银员	所属部门	财务部	编　号	
直属上级	前厅收银领班	直属下级	无	晋升方向	
所处管理位置	收银主管 → 前厅收银领班 → 前厅收银员				
职责概述	负责前厅收银结账与外币兑换工作，并提供针对客人的辅助服务，为客人提供周到、满意的服务				

职责	职责细分	职责类别
1. 收取账款	（1）负责为离店客人办理结账手续	日常性
	（2）按酒店规定的收费标准向客人收取费用	日常性
2. 开展外币兑换服务	（1）每日根据银行更新的外汇牌价及时更新本酒店的外汇牌价表，并领用兑换水单、周转金，按规定办理信用手续	日常性
	（2）接受客人的兑换业务，严格按程序和规定办理每笔兑换手续	日常性
	（3）妥善保管外币和本币的现钞、单据，做好每日每班的交接工作	日常性

（续）

职责	职责细分	职责类别
3. 账单整理与核对	（1）对照预期离店客人报表，整理离店客人客账资料	日常性
	（2）整理核对国际直拨电话及国内长途直拨电话账单	日常性
	（3）查验已压印的信用卡签字、有效日期、单据种类等	日常性
	（4）负责签收餐厅及其他部门送来的消费单据并及时入账	日常性
	（5）对照当天入住客人报表，查验当天入住客人的预收定金等，并及时过账	日常性
	（6）负责整理营业单据及营业款项，检查、核对每天收到的现款、票据是否与账单一致	日常性
4. 报表编制和资料整理	（1）负责收银收入日报表的编制和营业单据的整理，并交夜审员审核	日常性
	（2）将已过账的营业账单，按日期顺序整理后放入客房账套	日常性
	（3）接收接待处转来的客人入住资料，确保交接手续齐全	日常性
5. 提供问讯付款咨询服务	（1）根据客人需求解答疑难问题，提供问讯服务	日常性
	（2）负责向客人介绍付款的注意事项和付款方式	日常性
6. 收银设备维护和操作	（1）负责收银设备包括电脑、打印机、计算器、POS 机、EDC 机等的日常维护	日常性
	（2）负责收银设备包括电脑、打印机、计算器、POS 机、EDC 机等的安全管理	日常性

五、餐厅收银领班岗位职责

岗位名称	餐厅收银领班	所属部门	财务部	编号	
直属上级	收银主管	直属下级	餐厅收银员	晋升方向	
所处管理位置	收银主管 ↓ 餐厅收银领班 ↓ 餐厅收银员				

（续）

职责概述	在收银主管的领导下，监督餐厅收银点工作的有效开展并提供有效支持	
职责	职责细分	职责类别
1. 餐厅票证和备用金管理	（1）检查各班现金、票证的上交和保管情况	日常性
	（2）负责发票的使用、保管和监控工作	日常性
	（3）不定期抽查餐厅收银员的备用金，并对检查结果进行记录	日常性
2. 餐厅账单、手续审查	（1）审查餐单结账方式是否正确	日常性
	（2）检查宴席订单的处理和结算工作	日常性
	（3）审核餐饮账单与收银员报告的一致性	日常性
	（4）审核招待单的手续是否完备和符合规定	日常性
	（5）审核每日账单并检查是否具备充足凭证	日常性
	（6）审核餐饮的折扣、项目和单据的取消手续是否完备	日常性
	（7）对跑账、丢账单等问题查清原因并及时向收银主管汇报	日常性
	（8）负责餐厅收银各种单据、文件、合同的整理及保存归档	日常性
3. 餐厅收银设备管理	（1）检查所属员工对电脑、打印机、计算器、POS 机、EDC 机等收银设备的使用情况	日常性
	（2）检查所属员工对电脑、打印机、计算器、POS 机、EDC 机等收银设备的维护保养情况	日常性
	（3）负责后台保险箱的使用管理，记录使用情况并做好保险箱钥匙的管理工作	日常性
4. 餐厅收银物料管理	（1）负责餐厅收银物料的领用	日常性
	（2）负责餐厅收银物料的分配	日常性
5. 其他工作	（1）每天检查餐厅收银员仪容仪表等是否符合规定	日常性
	（2）安排下属员工的排班和调班，并进行考勤统计	日常性
	（3）监督餐厅收银员工作的开展情况，及时纠正存在的问题	日常性
	（4）负责检查所管辖收银点的消防、安全、卫生等工作	日常性

六、餐厅收银员岗位职责

<table>
<tr><td>岗位名称</td><td>餐厅收银员</td><td>所属部门</td><td>财务部</td><td>编号</td><td></td></tr>
<tr><td>直属上级</td><td>餐厅收银领班</td><td>直属下级</td><td></td><td>晋升方向</td><td></td></tr>
<tr><td>所处管理位置</td><td colspan="5">收银主管
餐厅收银领班
餐厅收银员</td></tr>
<tr><td>职责概述</td><td colspan="5">负责餐厅结账工作，并为客人提供相关辅助服务</td></tr>
<tr><td>职责</td><td colspan="4">职责细分</td><td>职责类别</td></tr>
<tr><td rowspan="3">1. 账款收取和管理</td><td colspan="4">（1）负责为就餐客人办理结账手续</td><td>日常性</td></tr>
<tr><td colspan="4">（2）按酒店规定的收费标准向客人收取餐饮费用</td><td>日常性</td></tr>
<tr><td colspan="4">（3）负责餐厅备用金的保管</td><td>日常性</td></tr>
<tr><td rowspan="4">2. 账单整理核对</td><td colspan="4">（1）接收吧台转来的客人消费单，确保交接手续齐全</td><td>日常性</td></tr>
<tr><td colspan="4">（2）查验已压印的信用卡签字、有效日期和单据种类等</td><td>日常性</td></tr>
<tr><td colspan="4">（3）经检查准确无误后，将住店客人的消费转账单据及时传递到前厅收银处</td><td>日常性</td></tr>
<tr><td colspan="4">（4）负责整理营业单据及营业款项，检查、核对每天收到的现款、票据是否与账单一致</td><td>日常性</td></tr>
<tr><td rowspan="2">3. 报表编制和资料处理</td><td colspan="4">（1）负责餐厅收入日报表的编制和营业单据的整理，并交夜审员审核</td><td>日常性</td></tr>
<tr><td colspan="4">（2）将已过账的营业账单，按日期顺序整理后放入房客账套</td><td>日常性</td></tr>
<tr><td rowspan="2">4. 咨询服务</td><td colspan="4">（1）根据客人需求为客人解答疑难问题，提供问询服务</td><td>日常性</td></tr>
<tr><td colspan="4">（2）负责向客人介绍结账的注意事项和付款方式</td><td>日常性</td></tr>
<tr><td rowspan="2">5. 收银设备管理</td><td colspan="4">（1）负责电脑、打印机、计算器、POS 机等餐厅收银设备的日常维护</td><td>日常性</td></tr>
<tr><td colspan="4">（2）负责电脑、打印机、计算器、POS 机等餐厅收银设备的安全管理</td><td>日常性</td></tr>
</table>

七、康乐收银领班岗位职责

<table>
<tr><td>岗位名称</td><td>康乐收银领班</td><td>所属部门</td><td>财务部</td><td>编号</td><td></td></tr>
<tr><td>直属上级</td><td>收银主管</td><td>直属下级</td><td>康乐收银员</td><td>晋升方向</td><td></td></tr>
<tr><td>所处管理位置</td><td colspan="5">收银主管
康乐收银领班
康乐收银员</td></tr>
<tr><td>职责概述</td><td colspan="5">在收银主管的领导下，监督康乐收银点工作并提供有效支持</td></tr>
<tr><td>职责</td><td colspan="4">职责细分</td><td>职责类别</td></tr>
<tr><td rowspan="6">1. 现金、票证管理</td><td colspan="4">（1）检查各班现金、票证保管情况</td><td>日常性</td></tr>
<tr><td colspan="4">（2）定期或不定期对账夹进行抽查</td><td>日常性</td></tr>
<tr><td colspan="4">（3）负责康乐应收账款的控制和追收</td><td>日常性</td></tr>
<tr><td colspan="4">（4）负责发票的使用、保管和监控工作</td><td>日常性</td></tr>
<tr><td colspan="4">（5）审核每日账单并检查是否具备充足凭证</td><td>日常性</td></tr>
<tr><td colspan="4">（6）不定期抽查康乐收银员的备用金，并对检查结果进行记录</td><td>日常性</td></tr>
<tr><td rowspan="5">2. 账单审查</td><td colspan="4">（1）审核康乐部账单是否与每班收银员报告一致</td><td>日常性</td></tr>
<tr><td colspan="4">（2）审查康乐消费的结账方式是否符合结账要求</td><td>日常性</td></tr>
<tr><td colspan="4">（3）审核消费的折扣、项目和单据以及手续办理是否完备</td><td>日常性</td></tr>
<tr><td colspan="4">（4）对跑账、丢账单等问题应查清原因，并及时向收银主管汇报</td><td>日常性</td></tr>
<tr><td colspan="4">（5）负责康乐收银各种单据、文件、合同的整理及保存归档</td><td>日常性</td></tr>
<tr><td rowspan="2">3. 收银及相关设备管理</td><td colspan="4">（1）检查下属员工对电脑、打印机、计算器、POS 机等设备的使用、维护和保养情况</td><td>日常性</td></tr>
<tr><td colspan="4">（2）负责后台保险箱的使用管理，进行使用记录并做好保险箱钥匙管理</td><td>日常性</td></tr>
<tr><td rowspan="2">4. 收银物料领取和发放</td><td colspan="4">（1）领取康乐收银所需的物料</td><td>日常性</td></tr>
<tr><td colspan="4">（2）进行康乐收银物料的分配</td><td>日常性</td></tr>
</table>

（续）

职责	职责细分	职责类别
5. 其他工作	（1）检查康乐收银员的仪容仪表等是否符合规定	日常性
	（2）负责安排下属员工的排班、考勤、调班事项，进行考勤汇总	日常性
	（3）监督下属员工的工作，及时纠正存在的问题	日常性
	（4）负责检查所管辖收银点的消防、安全、卫生等工作	日常性
	（5）处理康乐收银员遇到的疑难问题和无法协调的问题	特别工作

八、康乐收银员岗位职责

岗位名称	康乐收银员	所属部门	财务部	编号	
直属上级	康乐收银领班	直属下级		晋升方向	
所处管理位置	收银主管 康乐收银领班 康乐收银员				
职责概述	负责康乐结账工作，并为客人提供相关辅助服务				

职责	职责细分	职责类别
1. 账款收取与管理	（1）负责为康乐消费客人办理结账手续	日常性
	（2）负责备用金的管理、清点和存放	日常性
	（3）按结账单据，给客人开具收据或发票	日常性
	（4）下班前或交接班时清点款项，填写收入报告	日常性
2. 账单整理核对	（1）复核服务员交来的用作结账的各种消费单据	日常性
	（2）查验已压印的信用卡签字、有效日期和单据种类是否符合规定等	日常性
	（3）负责整理营业单据及营业款项，检查、核对每天收到的现款、票据是否与账单一致	日常性
3. 咨询服务	（1）根据客人需求为客人解答疑难问题，提供问询服务	日常性
	（2）负责向客人介绍结账的注意事项和付款方式	日常性

（续）

职责	职责细分	职责类别
4. 收银设备管理	（1）负责电脑、打印机、计算器、POS机等康乐收银设备的日常维护	日常性
	（2）负责电脑、打印机、计算器、POS机等康乐收银设备的安全管理	日常性

九、商场收银领班岗位职责

岗位名称	商场收银领班	所属部门	财务部	编号	
直属上级	收银主管	直属下级	商场收银员	晋升方向	
所处管理位置	收银主管 商场收银领班 商场收银员				
职责概述	在收银主管的领导下，负责商场收银点的工作，督导收银员的日常业务操作				

职责	职责细分	职责类别
1. 现金、票据管理	（1）检查和登记作废的收银小票	日常性
	（2）检查各班现金、票证保管情况	日常性
	（3）抽查商场收银员备用金并进行记录	日常性
	（4）负责发票的使用、保管和监控工作	日常性
2. 进行账款结算管理	（1）审核商场账单是否与每班收银员报告一致	日常性
	（2）审查商场消费的结账方式是否正确	日常性
	（3）审核每日账单并检查是否具备充足凭证	日常性
	（4）负责商场收银各种单据、文件、合同的整理及保存	日常性
	（5）帮助收银员完成集团购物、支票购物、大宗购物的收银工作	日常性
	（6）收集第二天的商品物价信息，并及时公布和传达相关信息	日常性

（续）

职责	职责细分	职责类别
3. 收银及相关设备管理	（1）督促收银员正确操作、维护、保养电脑、打印机、计算器、POS机等收银设备	日常性
	（2）协调处理收银设备故障问题	日常性
4. 收银物料领取和发放	（1）负责商场收银购物袋、收银卷纸等物料的领用	日常性
	（2）负责商场收银购物袋、收银卷纸等物料的分配	日常性
	（3）负责商场收银购物袋、收银卷纸等物料的清点和统计	日常性
5. 其他工作	（1）每天检查下属员工的仪容仪表等是否符合规定	日常性
	（2）负责下属员工的排班、调班的批核及考勤统计	日常性
	（3）掌握商场当日促销商品价格及促销活动的注意事项	日常性
	（4）负责检查所管辖收银点的消防、安全、卫生等工作	日常性

十、商场收银员岗位职责

岗位名称	商场收银员	所属部门	财务部	编号	
直属上级	商场收银领班	直属下级		晋升方向	
所处管理位置	收银主管 商场收银领班 商场收银员				
职责概述	负责商场结账工作，并为客人提供相关辅助服务				

（续）

职责	职责细分	职责类别
1. 账款收取和管理	（1）负责备用金的清点和存放工作	日常性
	（2）负责客人所购物品的盛装工作	日常性
	（3）为商场消费客人办理结账手续，并打印小票	日常性
	（4）下班前或交接班时清点款项，填写收入报告	日常性
2. 收银账单的整理核对	（1）查验信用卡签字、有效日期和单据种类等信息	日常性
	（2）负责整理营业单据及营业款项，检查、核对每天收到的现款、票据是否与账单一致	日常性
3. 咨询服务	（1）根据客人需求为客人解答疑难问题，提供问询服务	日常性
	（2）负责向客人介绍结账的注意事项和付款方式	日常性
4. 收银设备操作和维护	（1）正确操作、维护、保养电脑、打印机、计算器、POS 机等收银设备	日常性
	（2）负责电脑、打印机、计算器、POS 机等收银设备的安全管理	日常性

十一、信贷收款员岗位职责

岗位名称	信贷收款员	所属部门	财务部	编号	
直属上级	收银主管	直属下级		晋升方向	
所处管理位置	财务部经理 收银主管 信贷收款员				
职责概述	在收银主管的领导下，进行客户信用调查和客户欠款的催收工作，减少酒店的呆账和坏账				

（续）

职责	职责细分	职责类别
1. 信用调查	（1）对客户的信用程度进行调查咨询，掌握客户信用情况	日常性
	（2）定期或不定期编制客户资信情况表和客户信用报告，送有关部门供决策参考	日常性
2. 信贷催收	（1）到期及时联系催收按月结账的长住客户的账款	周期性
	（2）及时掌握各客户欠款情况，及时催交超信用限额的应收账款	日常性
	（3）采取积极措施跟进欠款追收工作，避免坏账损失，使应收账款控制在定额范围内	日常性
3. 其他工作	（1）协调与应收账款会计的工作	日常性
	（2）针对信贷收款提出合理化建议	日常性
	（3）定期将欠款情况和催交情况书面报告上级主管和财务部经理	日常性

第二节　收银处岗位绩效考核量表

一、收银主管绩效考核量表

序号	考核内容	考核指标及目标值	考核实施	
			考核人	考核结果
1	监督收银业务开展	收银违规操作次数控制为0		
		收银业务被投诉次数为0		
2	监督账款结算工作	账款结算出错率控制在____%以内		
		账实、账账不一致出现的次数为0		
		收银日报表、缴款记录表等表单的审核及时率达到100%		
3	编制报表和报告	报表准确率达到100%		
		报表、报告编制及时率达到100%		
		报告一次审核通过率达到____%		

二、前厅收银领班绩效考核量表

<table>
<tr><th rowspan="2">序号</th><th rowspan="2">考核内容</th><th rowspan="2">考核指标及目标值</th><th colspan="2">考核实施</th></tr>
<tr><th>考核人</th><th>考核结果</th></tr>
<tr><td rowspan="4">1</td><td rowspan="4">监督前厅收银业务的开展</td><td>前厅收银的违规操作次数控制为0</td><td></td><td></td></tr>
<tr><td>客人对前厅收银业务的有效投诉次数为0</td><td></td><td></td></tr>
<tr><td>账款结算出错率在____%以下</td><td></td><td></td></tr>
<tr><td>账实、账账不一致出现的次数为0</td><td></td><td></td></tr>
<tr><td>2</td><td>整理、汇总前厅收银的文件资料</td><td>文件资料汇总及时率达到100%</td><td></td><td></td></tr>
<tr><td>3</td><td>收银设备及其他设备管理</td><td>因设备故障导致收银业务无法正常开展的次数为0</td><td></td><td></td></tr>
<tr><td>4</td><td>领取和分发前厅收银所需物料</td><td>收银物料供应不及时的次数为0</td><td></td><td></td></tr>
</table>

三、前厅收银员绩效考核量表

<table>
<tr><th rowspan="2">序号</th><th rowspan="2">考核内容</th><th rowspan="2">考核指标及目标值</th><th colspan="2">考核实施</th></tr>
<tr><th>考核人</th><th>考核结果</th></tr>
<tr><td>1</td><td>前厅账款结算</td><td>账款结算出错率控制在____%以下</td><td></td><td></td></tr>
<tr><td>2</td><td>办理各类结款手续</td><td>没有按照酒店相关规定办理手续的次数为0</td><td></td><td></td></tr>
<tr><td>3</td><td>提供收银付款等相关咨询服务</td><td>由于前厅收银员服务质量而受理的有效投诉的次数为0</td><td></td><td></td></tr>
<tr><td rowspan="2">4</td><td rowspan="2">操作与维护前厅收银设备</td><td>收银设备的故障率低于____%</td><td></td><td></td></tr>
<tr><td>收银设备完好率达到____%</td><td></td><td></td></tr>
</table>

四、餐厅收银领班绩效考核量表

序号	考核内容	考核指标及目标值	考核实施	
			考核人	考核结果
1	监督餐厅收银业务的开展	餐厅收银的违规操作次数为0		
		客人对餐厅收银业务的有效投诉次数为0		
		账款结算出错率控制在____%以下		
		账实、账账不一致出现的次数为0		
		由于餐厅挂账消费信息传递不及时导致酒店跑账的次数为0		
2	供应餐厅收银所需物料	餐厅收银物料供应不及时的次数为0		

五、餐厅收银员绩效考核量表

序号	考核内容	考核指标及目标值	考核实施	
			考核人	考核结果
1	结算餐厅账款	账款结算出错率控制在____%以下		
2	办理各类结款手续	没有按照酒店相关规定办理手续的次数为0		
3	提供餐厅收银等相关咨询服务	由于餐厅收银员服务质量而受理的有效投诉次数为0		
4	操作收银设备	收银设备的故障率低于____%		

六、康乐收银领班绩效考核量表

序号	考核内容	考核指标及目标值	考核实施	
			考核人	考核结果
1	监督康乐收银业务的开展	康乐收银的违规操作次数控制为0		
		客人对康乐收银业务的有效投诉次数为0		
		账款结算出错率控制在____%以下		
		账实、账账不一致出现的次数为0		
2	供应康乐收银所需物料	收银物料供应不及时的次数为0		

七、康乐收银员绩效考核量表

序号	考核内容	考核指标及目标值	考核实施	
			考核人	考核结果
1	结算康乐账款	账款结算出错率控制在____%以下		
2	办理各类结款手续	手续办理及时、齐全		
		没有按照酒店相关规定办理手续的次数为0		
3	提供咨询服务	由于康乐收银员服务质量而受理的有效投诉的次数为0		
4	操作收银设备	收银设备的故障率低于____%		

八、商场收银领班绩效考核量表

序号	考核内容	考核指标及目标值	考核实施	
			考核人	考核结果
1	监督商场收银业务的开展	商场收银的违规操作次数控制为0		
		客人对商场收银业务的有效投诉次数为0		
		账款结算出错率控制在____%以下		
		账实、账账不一致出现的次数为0		
2	供应商场收银所需物料	收银物料供应不及时的次数为0		
		商场收银所需物料统计准确率达到100%		

九、商场收银员绩效考核量表

序号	考核内容	考核指标及目标值	考核实施	
			考核人	考核结果
1	结算商场账款	账款结算出错率控制在____%以下		
2	办理各类结款手续	没有按照酒店相关规定办理手续的次数为0		
3	提供收银等相关咨询服务	由于商场收银员服务质量而受理的有效投诉的次数为0		
4	正确操作收银设备	收银设备的故障率低于____%		

十、信贷收款员绩效考核量表

序号	考核内容	考核指标及目标值	考核实施	
			考核人	考核结果
1	开展信用调查	信用调查任务按时完成率达到100%		
		信用调查数据真实准确，差错率为0		
		信用调查报告在规定的时间内提交		
		信用调查报告审核一次性通过率达到____%		
2	进行信贷催收	催收任务完成率达到100%		
		领导满意度评分达到____分		
3	提出信贷催收合理化建议	合理化建议被采纳条数不少于____条		

第三节 收银处工作程序与关键问题

一、客赔操作程序与关键问题

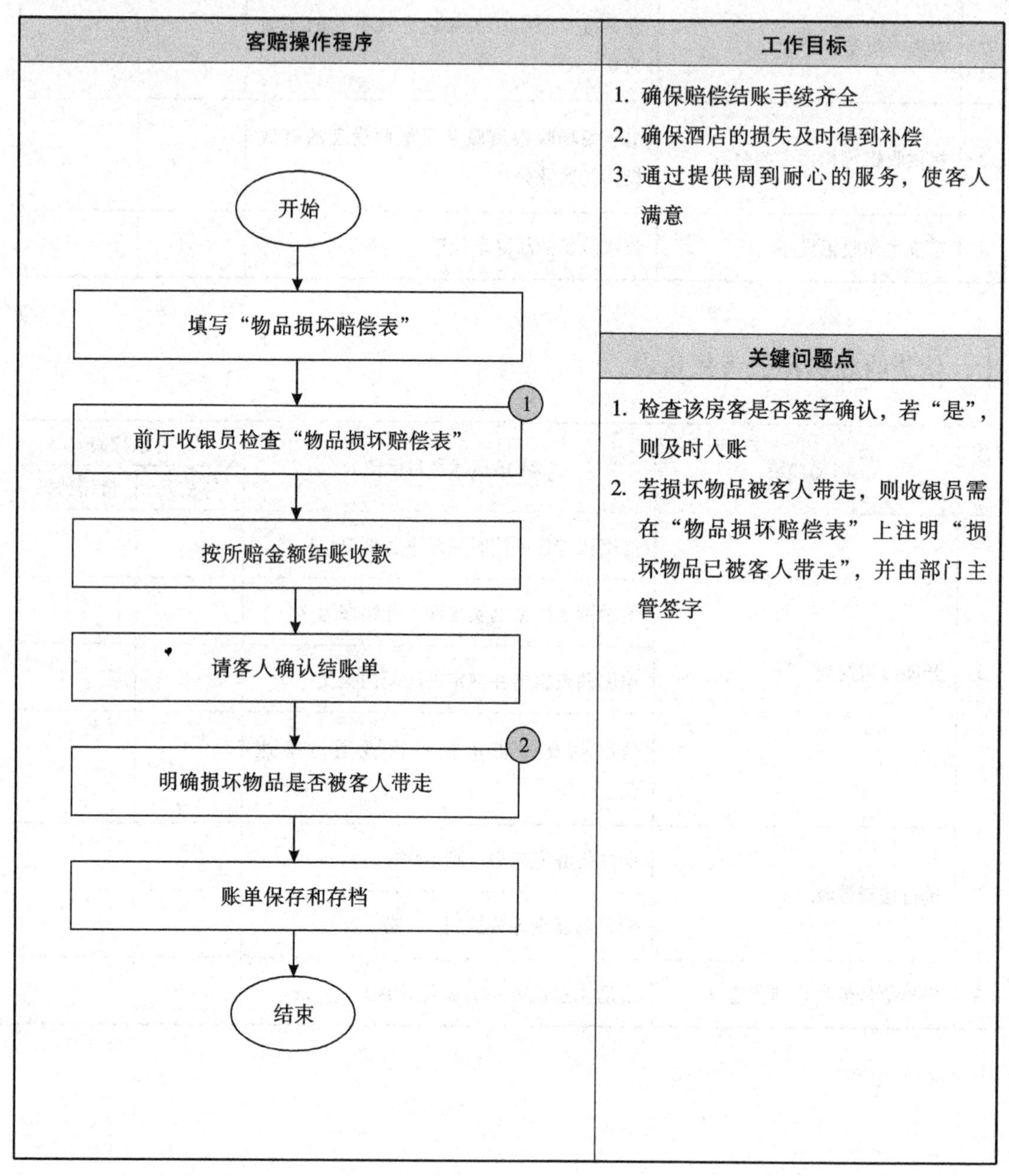

二、支票结算程序与关键问题

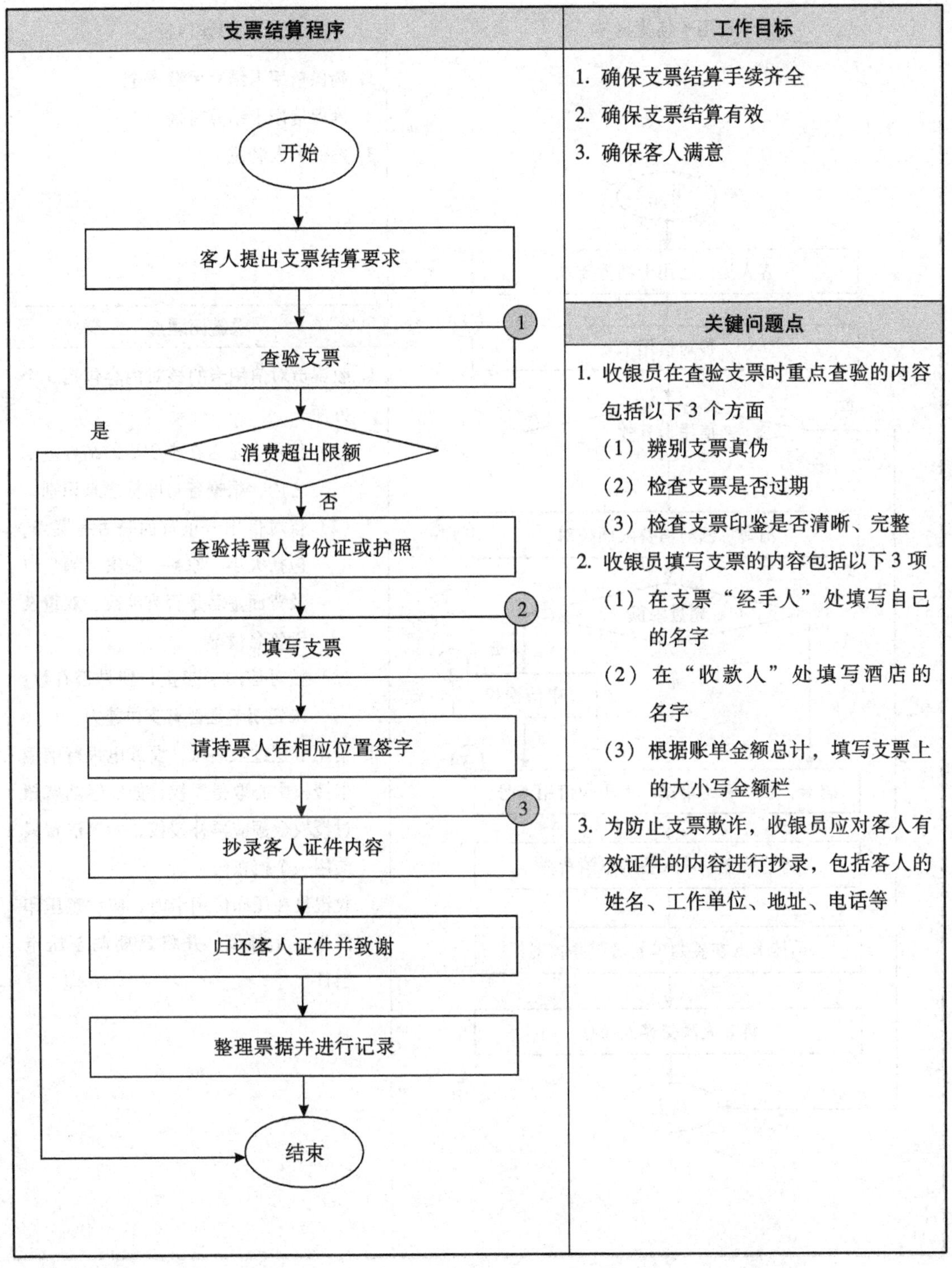

工作目标

1. 确保支票结算手续齐全
2. 确保支票结算有效
3. 确保客人满意

关键问题点

1. 收银员在查验支票时重点查验的内容包括以下 3 个方面
   （1）辨别支票真伪
   （2）检查支票是否过期
   （3）检查支票印鉴是否清晰、完整
2. 收银员填写支票的内容包括以下 3 项
   （1）在支票“经手人”处填写自己的名字
   （2）在“收款人”处填写酒店的名字
   （3）根据账单金额总计，填写支票上的大小写金额栏
3. 为防止支票欺诈，收银员应对客人有效证件的内容进行抄录，包括客人的姓名、工作单位、地址、电话等

三、信用卡结算程序与关键问题

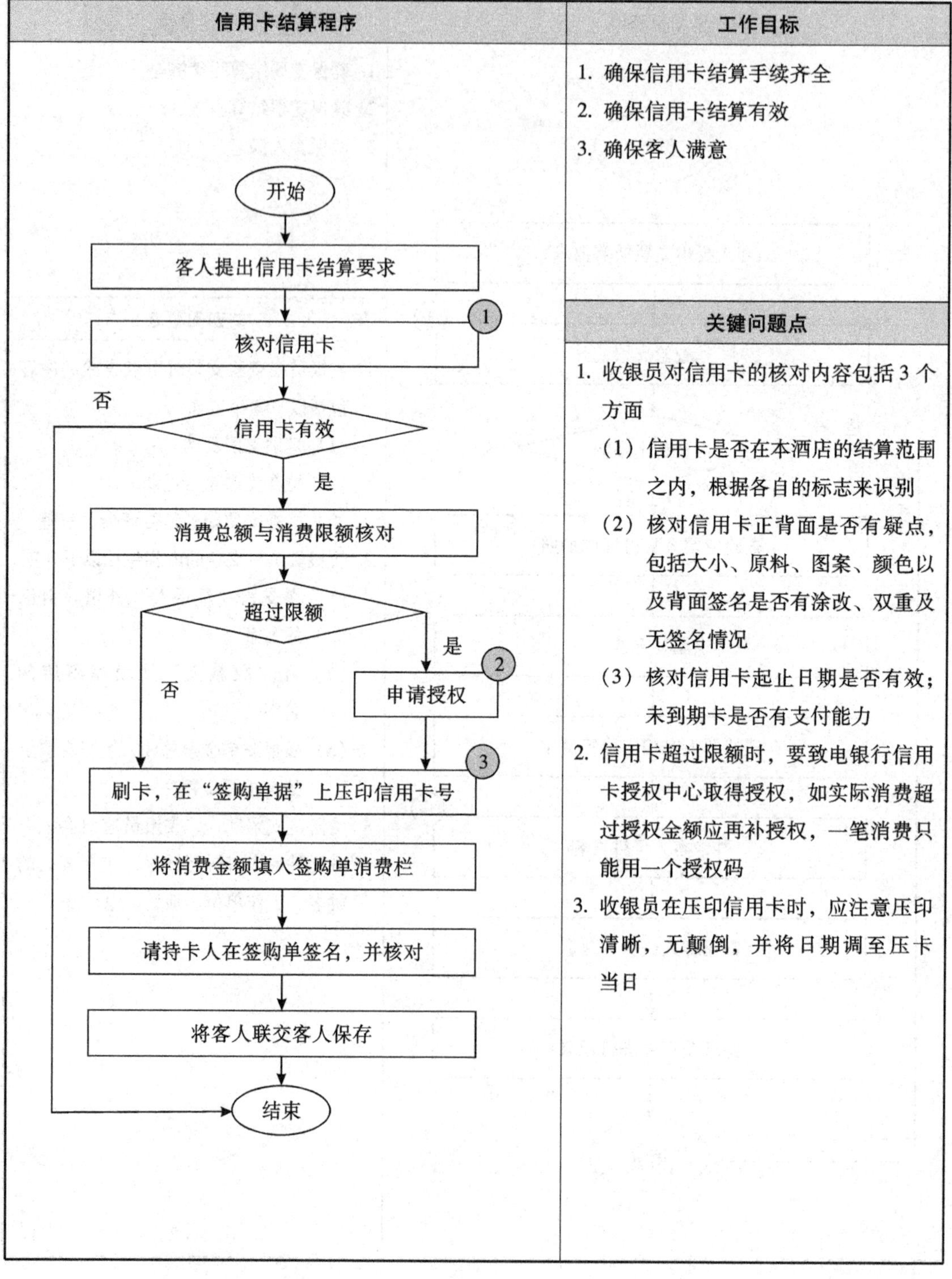

工作目标

1. 确保信用卡结算手续齐全
2. 确保信用卡结算有效
3. 确保客人满意

关键问题点

1. 收银员对信用卡的核对内容包括3个方面
   （1）信用卡是否在本酒店的结算范围之内，根据各自的标志来识别
   （2）核对信用卡正背面是否有疑点，包括大小、原料、图案、颜色以及背面签名是否有涂改、双重及无签名情况
   （3）核对信用卡起止日期是否有效；未到期卡是否有支付能力
2. 信用卡超过限额时，要致电银行信用卡授权中心取得授权，如实际消费超过授权金额应再补授权，一笔消费只能用一个授权码
3. 收银员在压印信用卡时，应注意压印清晰，无颠倒，并将日期调至压卡当日

四、散客前厅结账程序与关键问题

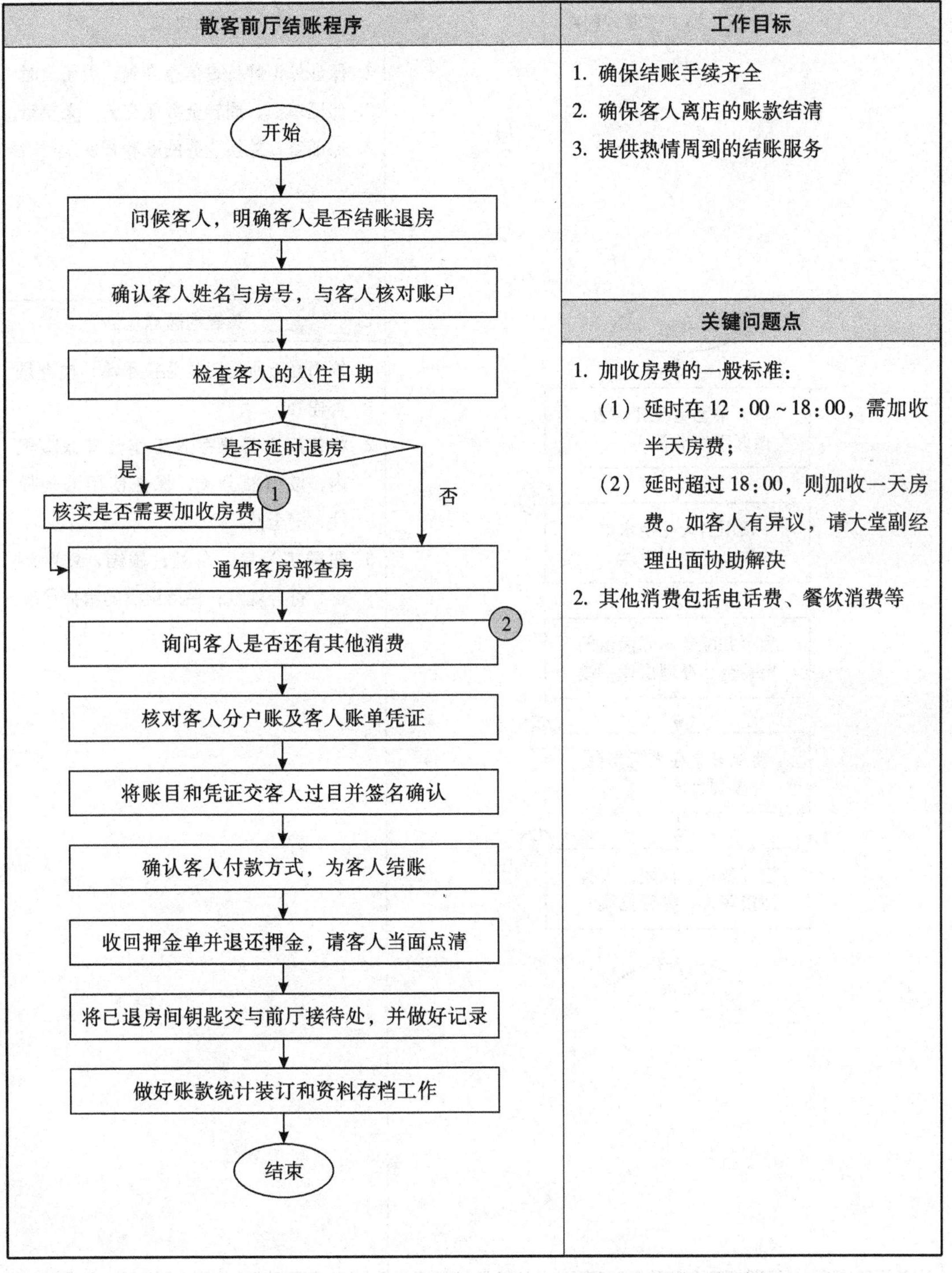

散客前厅结账程序	工作目标
开始 问候客人，明确客人是否结账退房 确认客人姓名与房号，与客人核对账户 检查客人的入住日期 是否延时退房 是：核实是否需要加收房费 ① 否 通知客房部查房 询问客人是否还有其他消费 ② 核对客人分户账及客人账单凭证 将账目和凭证交客人过目并签名确认 确认客人付款方式，为客人结账 收回押金单并退还押金，请客人当面点清 将已退房间钥匙交与前厅接待处，并做好记录 做好账款统计装订和资料存档工作 结束	1. 确保结账手续齐全 2. 确保客人离店的账款结清 3. 提供热情周到的结账服务 **关键问题点** 1. 加收房费的一般标准： （1）延时在12：00～18：00，需加收半天房费； （2）延时超过18：00，则加收一天房费。如客人有异议，请大堂副经理出面协助解决 2. 其他消费包括电话费、餐饮消费等

五、外币兑换工作准备程序与关键问题

<table>
<tr><th>外币兑换工作准备程序</th><th>工作目标</th></tr>
<tr><td rowspan="3">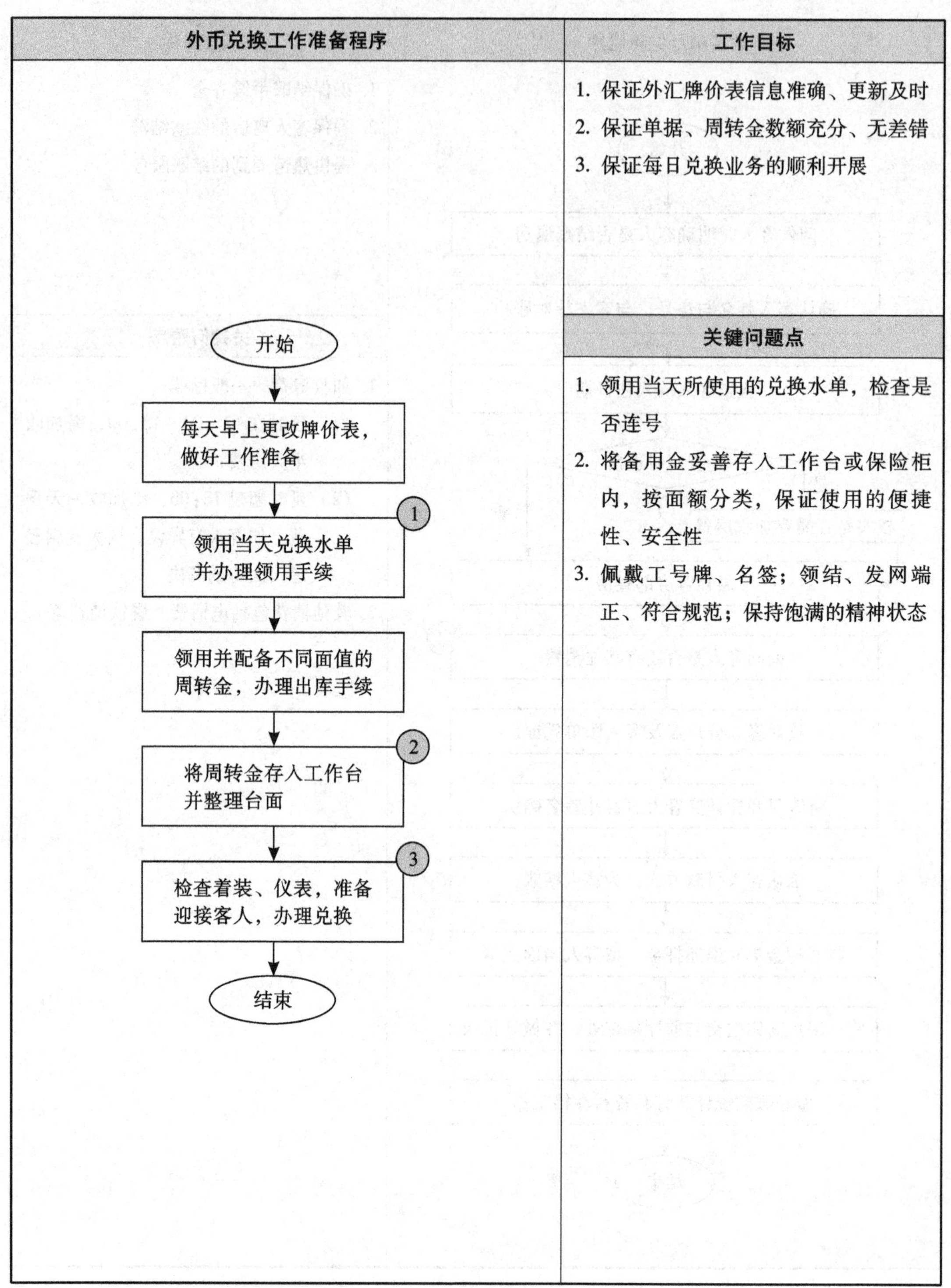
</td><td>1. 保证外汇牌价表信息准确、更新及时
2. 保证单据、周转金数额充分、无差错
3. 保证每日兑换业务的顺利开展</td></tr>
<tr><th>关键问题点</th></tr>
<tr><td>1. 领用当天所使用的兑换水单，检查是否连号
2. 将备用金妥善存入工作台或保险柜内，按面额分类，保证使用的便捷性、安全性
3. 佩戴工号牌、名签；领结、发网端正、符合规范；保持饱满的精神状态</td></tr>
</table>

六、外币兑换临柜承付程序与关键问题

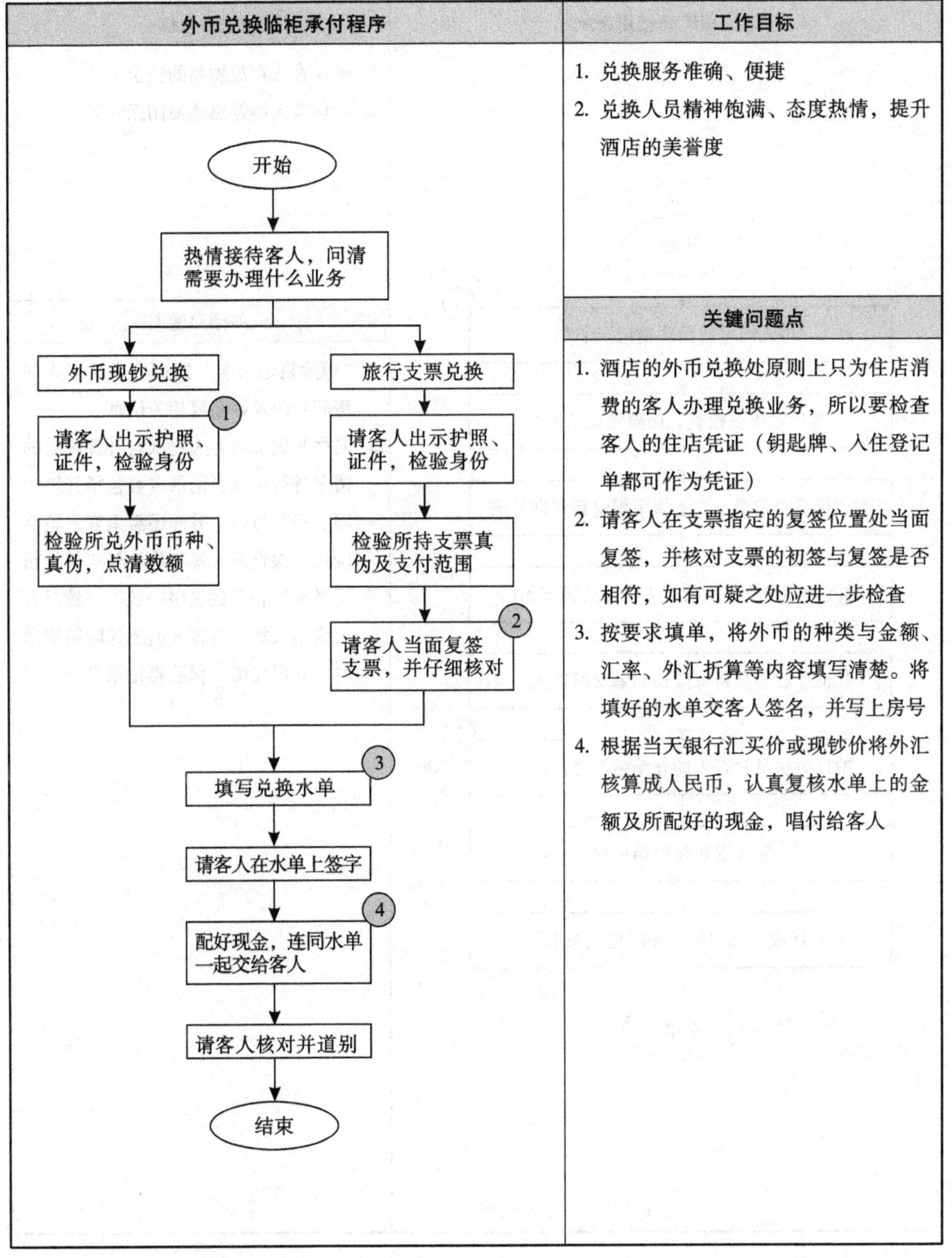

工作目标

1. 兑换服务准确、便捷
2. 兑换人员精神饱满、态度热情，提升酒店的美誉度

关键问题点

1. 酒店的外币兑换处原则上只为住店消费的客人办理兑换业务，所以要检查客人的住店凭证（钥匙牌、入住登记单都可作为凭证）
2. 请客人在支票指定的复签位置处当面复签，并核对支票的初签与复签是否相符，如有可疑之处应进一步检查
3. 按要求填单，将外币的种类与金额、汇率、外汇折算等内容填写清楚。将填好的水单交客人签名，并写上房号
4. 根据当天银行汇买价或现钞价将外汇核算成人民币，认真复核水单上的金额及所配好的现金，唱付给客人

七、客人保险箱使用程序与关键问题

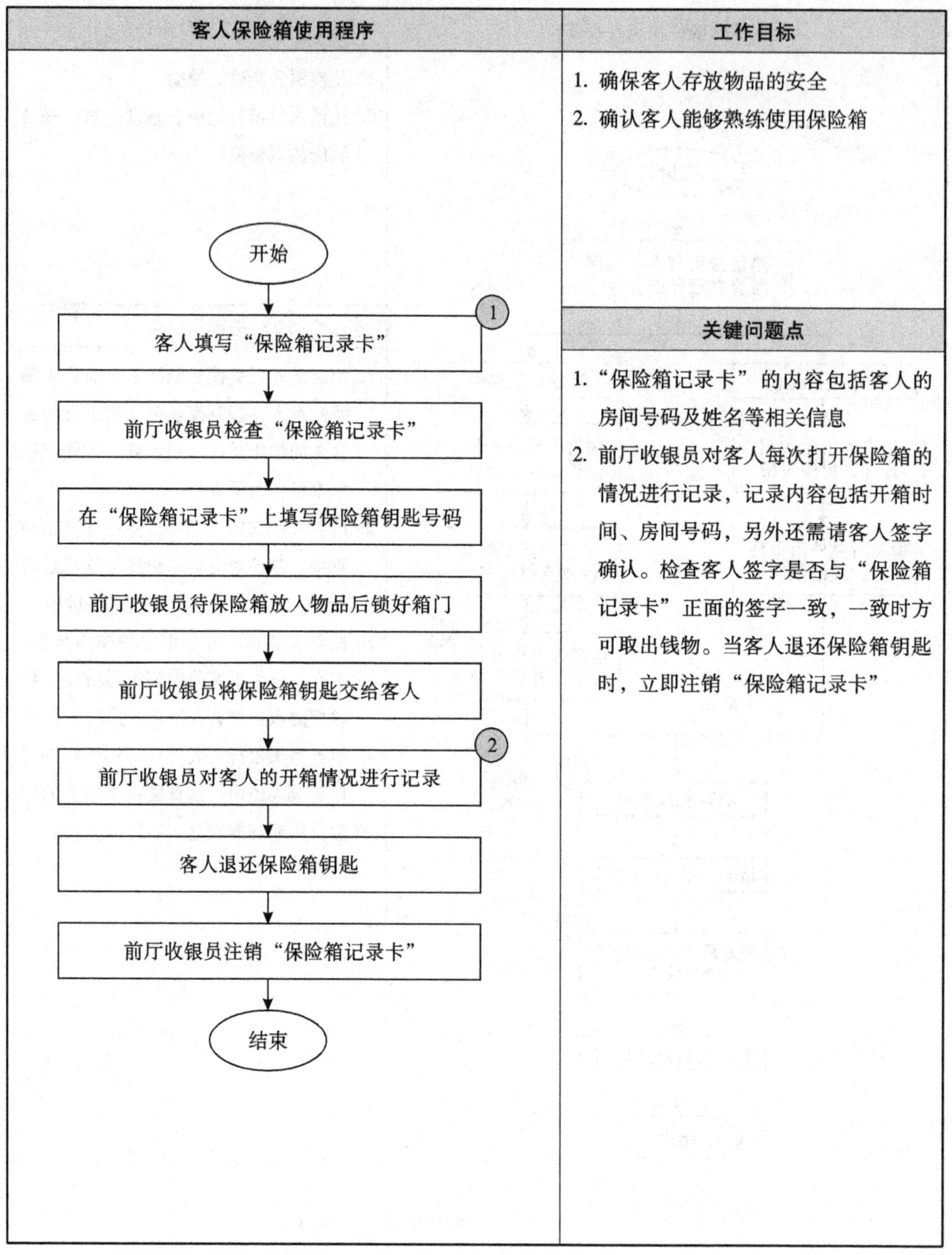

工作目标

1. 确保客人存放物品的安全
2. 确认客人能够熟练使用保险箱

关键问题点

1. “保险箱记录卡”的内容包括客人的房间号码及姓名等相关信息
2. 前厅收银员对客人每次打开保险箱的情况进行记录，记录内容包括开箱时间、房间号码，另外还需请客人签字确认。检查客人签字是否与“保险箱记录卡”正面的签字一致，一致时方可取出钱物。当客人退还保险箱钥匙时，立即注销“保险箱记录卡”

八、前厅缴款袋投递程序与关键问题

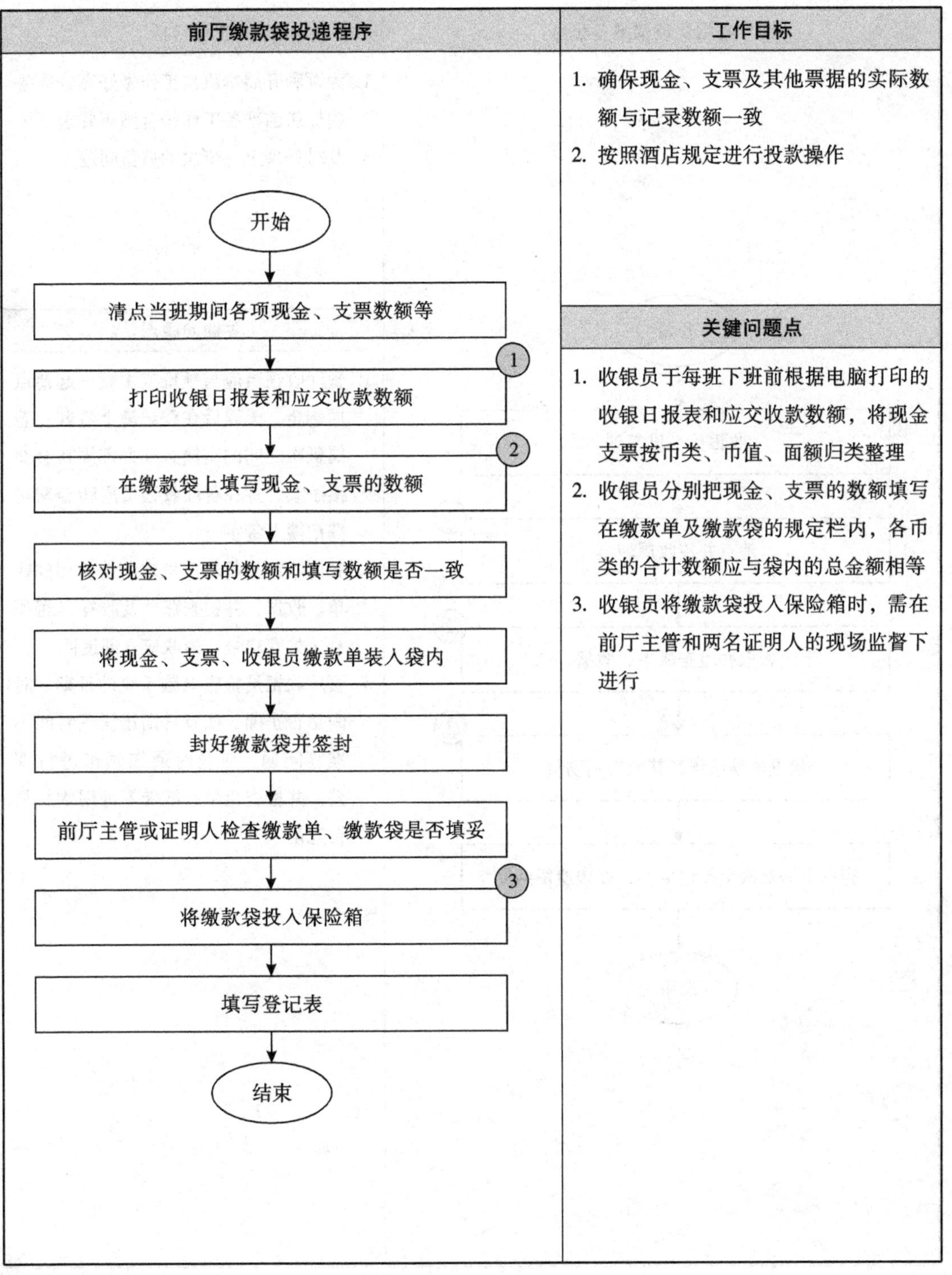

工作目标

1. 确保现金、支票及其他票据的实际数额与记录数额一致
2. 按照酒店规定进行投款操作

关键问题点

1. 收银员于每班下班前根据电脑打印的收银日报表和应交收款数额，将现金支票按币类、币值、面额归类整理
2. 收银员分别把现金、支票的数额填写在缴款单及缴款袋的规定栏内，各币类的合计数额应与袋内的总金额相等
3. 收银员将缴款袋投入保险箱时，需在前厅主管和两名证明人的现场监督下进行

九、餐厅收银员班前准备程序与关键问题

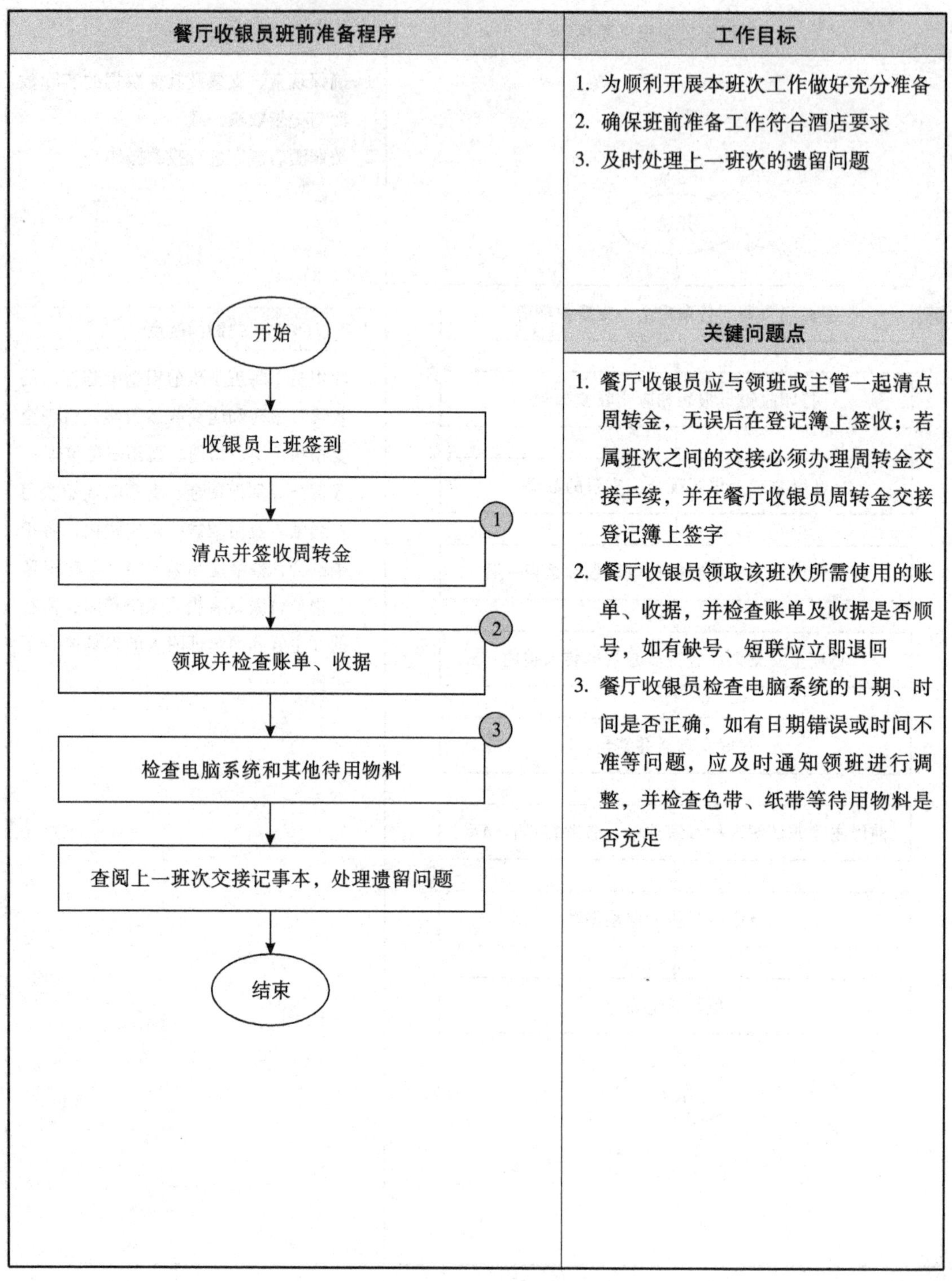

餐厅收银员班前准备程序	工作目标
开始 → 收银员上班签到 → 清点并签收周转金① → 领取并检查账单、收据② → 检查电脑系统和其他待用物料③ → 查阅上一班次交接记事本，处理遗留问题 → 结束	1. 为顺利开展本班次工作做好充分准备 2. 确保班前准备工作符合酒店要求 3. 及时处理上一班次的遗留问题 **关键问题点** 1. 餐厅收银员应与领班或主管一起清点周转金，无误后在登记簿上签收；若属班次之间的交接必须办理周转金交接手续，并在餐厅收银员周转金交接登记簿上签字 2. 餐厅收银员领取该班次所需使用的账单、收据，并检查账单及收据是否顺号，如有缺号、短联应立即退回 3. 餐厅收银员检查电脑系统的日期、时间是否正确，如有日期错误或时间不准等问题，应及时通知领班进行调整，并检查色带、纸带等待用物料是否充足

十、餐厅点菜单使用管理程序与关键问题

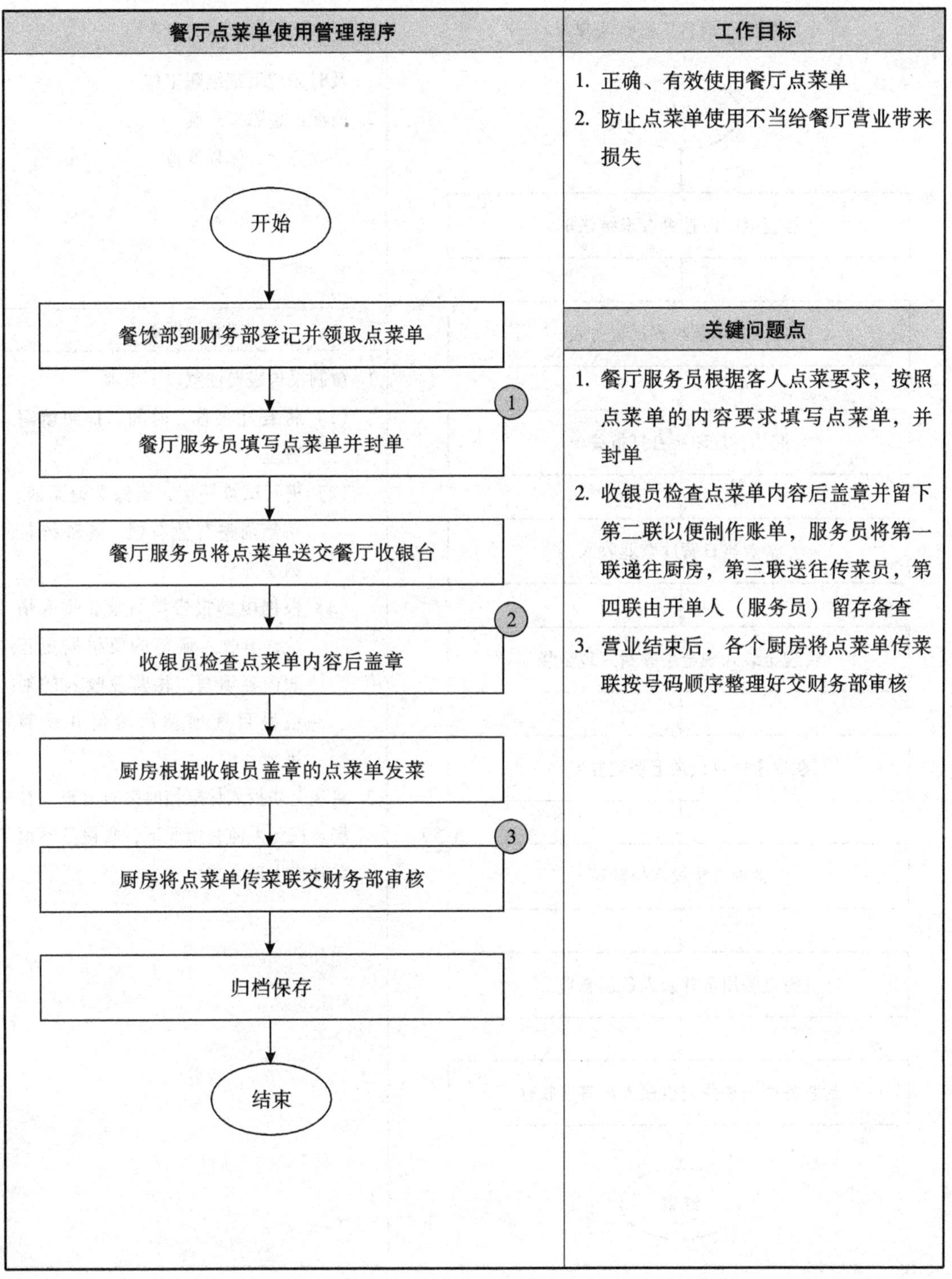

餐厅点菜单使用管理程序	工作目标
开始 → 餐饮部到财务部登记并领取点菜单 → ① 餐厅服务员填写点菜单并封单 → 餐厅服务员将点菜单送交餐厅收银台 → ② 收银员检查点菜单内容后盖章 → 厨房根据收银员盖章的点菜单发菜 → ③ 厨房将点菜单传菜联交财务部审核 → 归档保存 → 结束	1. 正确、有效使用餐厅点菜单 2. 防止点菜单使用不当给餐厅营业带来损失 **关键问题点** 1. 餐厅服务员根据客人点菜要求，按照点菜单的内容要求填写点菜单，并封单 2. 收银员检查点菜单内容后盖章并留下第二联以便制作账单，服务员将第一联递往厨房，第三联送往传菜员，第四联由开单人（服务员）留存备查 3. 营业结束后，各个厨房将点菜单传菜联按号码顺序整理好交财务部审核

十一、餐厅收银员下班结账程序与关键问题

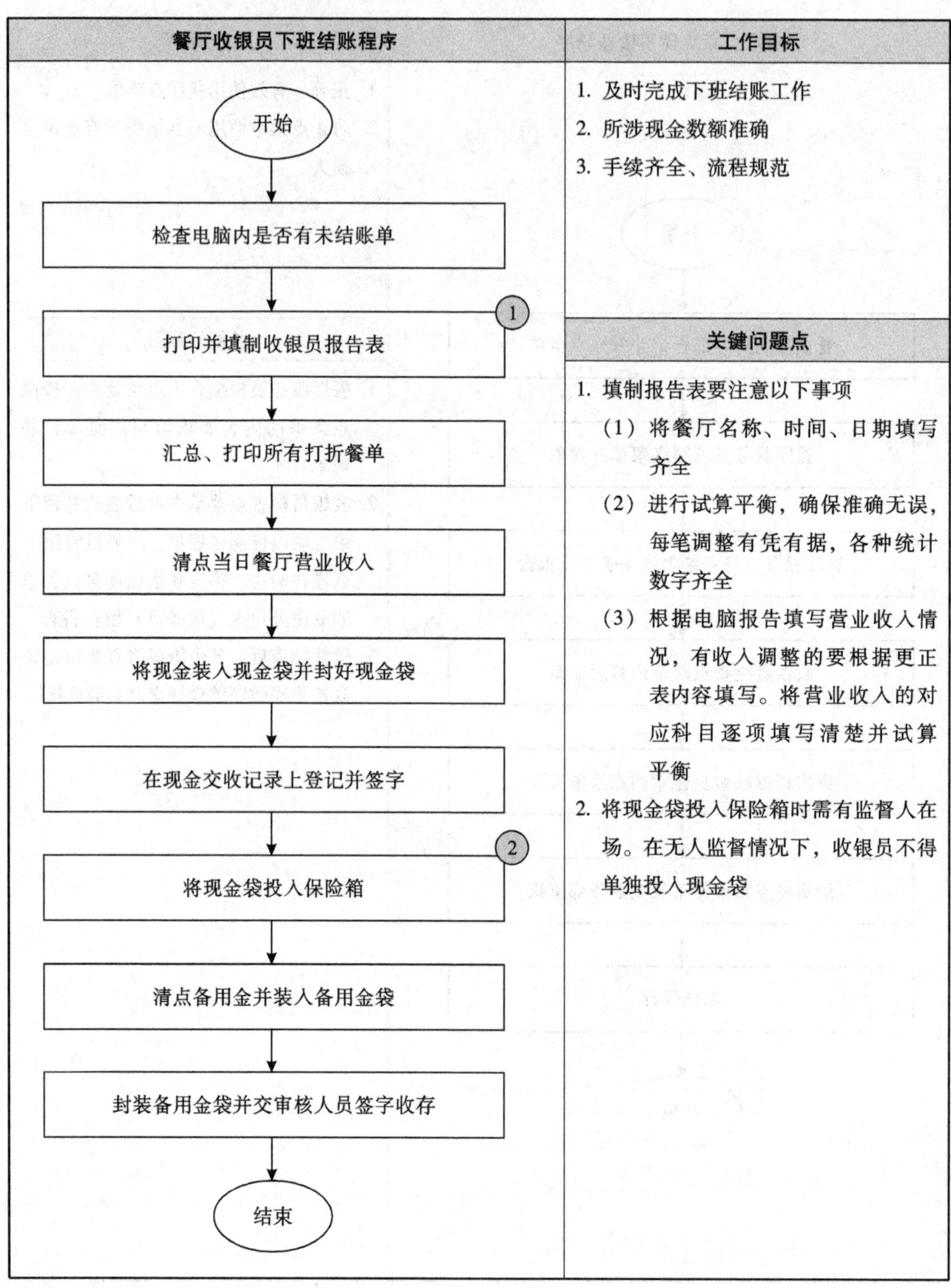

餐厅收银员下班结账程序	工作目标
开始 → 检查电脑内是否有未结账单 → 打印并填制收银员报告表① → 汇总、打印所有打折餐单 → 清点当日餐厅营业收入 → 将现金装入现金袋并封好现金袋 → 在现金交收记录上登记并签字 → 将现金袋投入保险箱② → 清点备用金并装入备用金袋 → 封装备用金袋并交审核人员签字收存 → 结束	1. 及时完成下班结账工作 2. 所涉现金数额准确 3. 手续齐全、流程规范 **关键问题点** 1. 填制报告表要注意以下事项 （1）将餐厅名称、时间、日期填写齐全 （2）进行试算平衡，确保准确无误，每笔调整有凭有据，各种统计数字齐全 （3）根据电脑报告填写营业收入情况，有收入调整的要根据更正表内容填写。将营业收入的对应科目逐项填写清楚并试算平衡 2. 将现金袋投入保险箱时需有监督人在场。在无人监督情况下，收银员不得单独投入现金袋

十二、康乐台球厅收银工作程序与关键问题

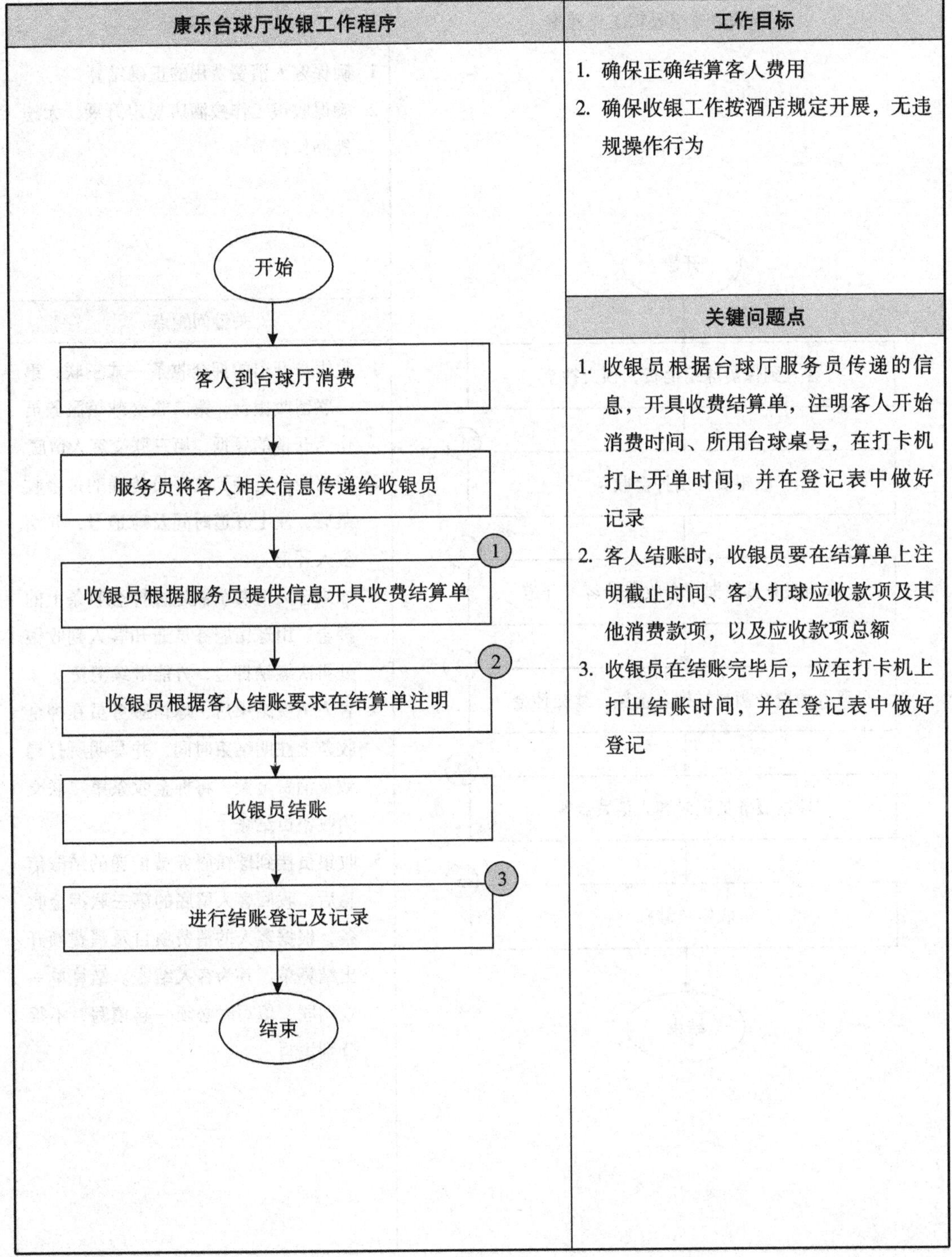

工作目标

1. 确保正确结算客人费用
2. 确保收银工作按酒店规定开展，无违规操作行为

关键问题点

1. 收银员根据台球厅服务员传递的信息，开具收费结算单，注明客人开始消费时间、所用台球桌号，在打卡机打上开单时间，并在登记表中做好记录
2. 客人结账时，收银员要在结算单上注明截止时间、客人打球应收款项及其他消费款项，以及应收款项总额
3. 收银员在结账完毕后，应在打卡机上打出结账时间，并在登记表中做好登记

十三、康乐保龄球馆收银工作程序与关键问题

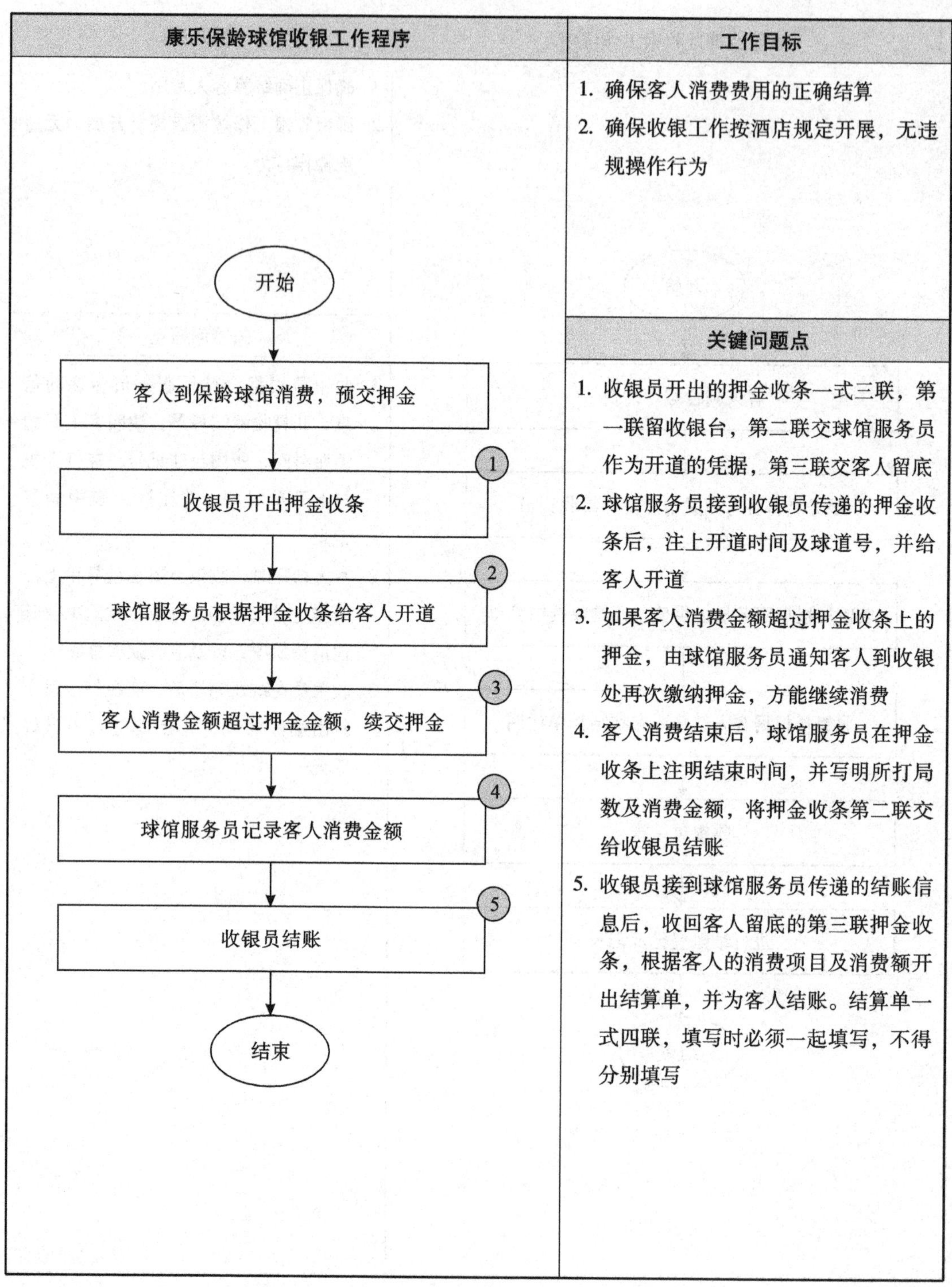

工作目标

1. 确保客人消费费用的正确结算
2. 确保收银工作按酒店规定开展，无违规操作行为

关键问题点

1. 收银员开出的押金收条一式三联，第一联留收银台，第二联交球馆服务员作为开道的凭据，第三联交客人留底
2. 球馆服务员接到收银员传递的押金收条后，注上开道时间及球道号，并给客人开道
3. 如果客人消费金额超过押金收条上的押金，由球馆服务员通知客人到收银处再次缴纳押金，方能继续消费
4. 客人消费结束后，球馆服务员在押金收条上注明结束时间，并写明所打局数及消费金额，将押金收条第二联交给收银员结账
5. 收银员接到球馆服务员传递的结账信息后，收回客人留底的第三联押金收条，根据客人的消费项目及消费额开出结算单，并为客人结账。结算单一式四联，填写时必须一起填写，不得分别填写

十四、客房挂账欠款催收管理程序与关键问题

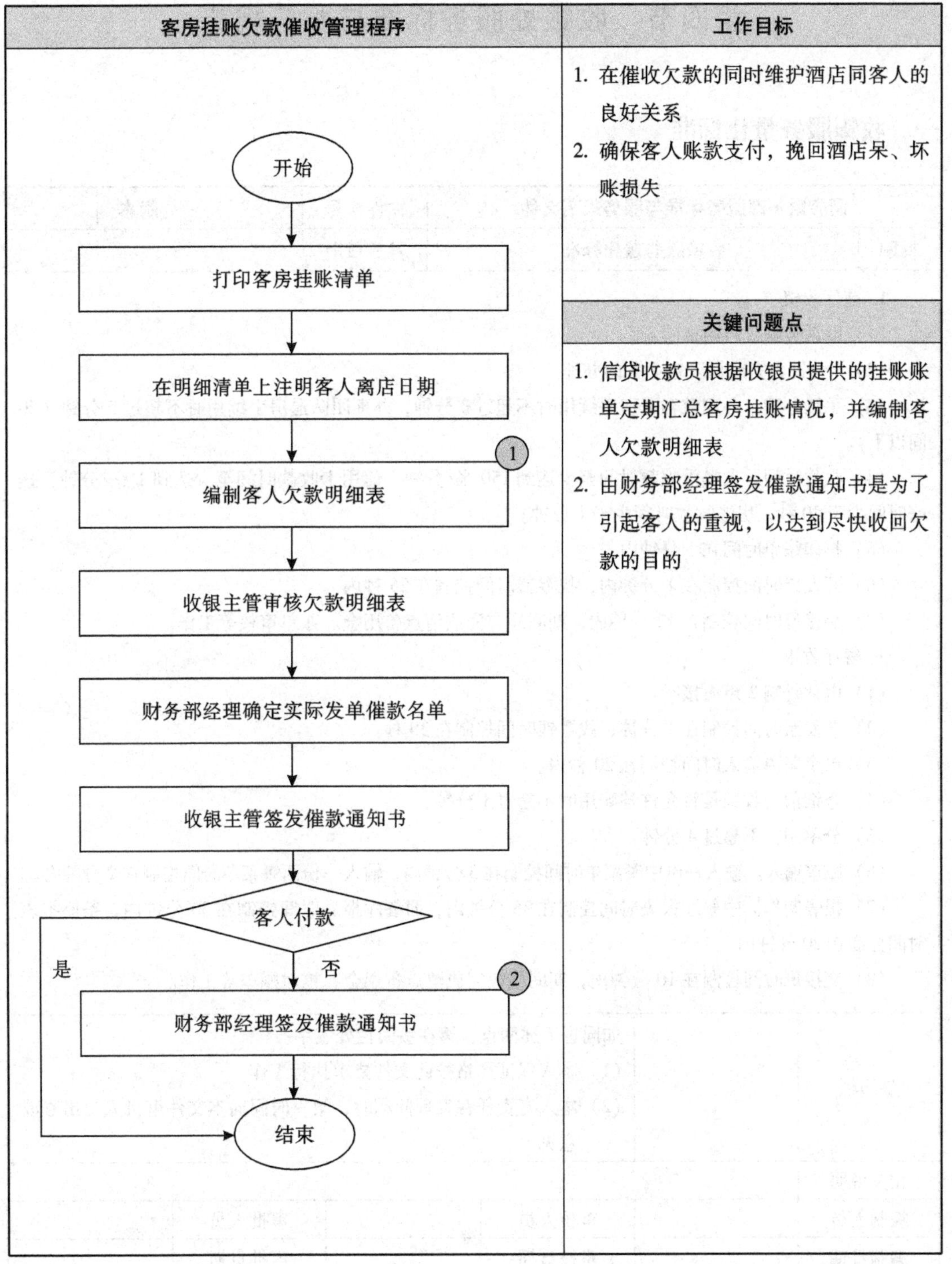

工作目标
1. 在催收欠款的同时维护酒店同客人的良好关系 2. 确保客人账款支付，挽回酒店呆、坏账损失

关键问题点
1. 信贷收款员根据收银员提供的挂账账单定期汇总客房挂账情况，并编制客人欠款明细表 2. 由财务部经理签发催款通知书是为了引起客人的重视，以达到尽快收回欠款的目的

第四节 收银处服务标准与服务规范

一、收银服务量化标准

酒店财务部服务标准与服务规范文件		文件编号		版本	
标题	收银服务量化标准	发放日期			

1. 前厅收银

（1）电话铃响3声内接听。

（2）3分钟内完成保险箱业务的办理。

（3）手续办理。办理散客退房手续用时不超过3分钟，办理团队退房手续用时不超过5分钟（20间以下）。

（4）收款时间。人民币收款时间至少达到150张/分钟，信用卡收款时间至少达到1张/分钟，挂账时间少于20秒，房账收款时间少于1分钟。

（5）打印账单时间在1分钟内。

（6）开发票时间控制在1分钟内，找零钱时间控制在25秒内。

（7）交接班时间控制在12分钟内，期间还应完成清点备用金、账单审核等工作。

2. 餐厅收银

（1）电话铃响2声内接听。

（2）开发票时间控制在1分钟，找零钱时间控制在30秒。

（3）单个账单输入时间控制在20秒内。

（4）查询前台收银是否允许挂账用时不超过1分钟。

（5）分单用时不超过4分钟。

（6）账单输入。输入一份中餐菜单时间控制在3分钟内，输入一份西餐菜单时间控制在2分钟内。

（7）报表制作。中餐厅报表时间控制在35分钟内，西餐厅报表时间控制在30分钟内，茶座报表时间控制在20分钟内。

（8）交接班时间控制在10分钟内，期间还应完成清点备用金、核对账单等工作。

签阅栏		如同意下述两点，请在签阅栏处签字 （1）本人保证严格按此文件要求执行工作 （2）本人有责任在发现问题时，第一时间向本文件审批人提出修改意见			
相关说明					
编制人员		审核人员		审批人员	
编制日期		审核日期		审批日期	

二、收银服务管理规范

<table>
<tr><td colspan="2">酒店财务部服务标准与服务规范文件</td><td>文件编号</td><td></td><td>版本</td><td></td></tr>
<tr><td>标题</td><td>收银服务管理规范</td><td>发放日期</td><td colspan="3"></td></tr>
<tr><td colspan="6">1. 严格遵守酒店各项财务规章制度
（1）遵守酒店货币资金管理制度。
（2）遵守酒店保险室的管理规定。
2. 快速、准确地为客人提供结账服务。
3. 确保账款收取正确，不遗漏、不错算。
4. 严格按规定的收银、投币程序进行操作。
5. 严格按规定发放钥匙，并做好相应的记录。
6. 确保所收款项与开出的发票、填报的营业报表相一致。
7. 严格按规定使用收银设备设施，按正常程序操作电脑。
8. 严禁私自兑换外币，不得挪用周转金或将周转金借给他人。
9. 如出现假币或现金短款，由责任人自行全额赔付，不得长吞短缺。
10. 负责填制有关报表，整理营业单据，以便稽核。
11. 严格按实际消费开具发票，不得多开、虚开发票，不得将空白发票联撕给客人。
12. 对本班未能完成的工作应清楚地交与下一班完成，未经许可，不得私自换班、改班。
13. 认真做好每一班的交接记录，并做好相关的信息传递工作。
14. 对于超出自身职权的事务，应及时向主管汇报，不得擅自处理。
15. 按时参加财务部及所在部门例会。
16. 积极参加培训，提高自身素质及专业技能。
17. 尊重上级，服从分配，按时完成上级安排的其他工作。
18. 未经许可，不得将与工作无关的书籍和包裹带入工作岗位。</td></tr>
</table>

签阅栏		如同意下述两点，请在签阅栏处签字 （1）本人保证严格按此文件要求执行工作 （2）本人有责任在发现问题时，第一时间向本文件审批人提出修改意见			
相关说明					
编制人员		审核人员		审批人员	
编制日期		审核日期		审批日期	

三、餐厅收银工作规范

酒店财务部服务标准与服务规范文件		文件编号		版本	
标题	餐厅收银工作规范	发放日期			

1. 到岗工作准备

（1）上岗后签到。

（2）查阅交接本，处理好上一班未完成事项。

（3）备足账单发票、零钱，整理岗位卫生。

（4）检查电脑情况，将签到、制卡机调到当天日期。

2. 酒水单签字

在酒水单上签字，其中一联给服务员去取酒水，另一联夹入有桌号的账卡中。

3. 客人消费结束后，根据客人所点菜单、酒水单，用收银机打出客人消费账单，经过核对后，让服务员送给客人并收款。

4. 收款操作注意事项

（1）收现金时应向服务员唱票，并注意验钞。

（2）若住店客人签字的，应及时核对房卡和电脑记录，并输入账中。

（3）如是店外客人要求签单的，请客人在账单上写清单位、联系人电话，必要时请客人出示有关证明，同时注明通过什么方式或何时付清账单，送财务部挂账。

（4）客人用信用卡付账时，必须识别信用卡真伪，核对是否被止付，并查看有效期、身份证及签名是否符实，超银行规定限额的必须取得授权后方可接纳，并将授权号码注明。

（5）客人用支票付款的必须先识别其支票真伪，需请客人出示身份证并将身份证号等信息记录在支票背面。

5. 下班注意事项

（1）下班前必须做好当班的餐厅营业记录。

（2）将现金、支票送至前厅收银处，在两个人在场情况下投币、签字，并将完成的营业报表连同账单交夜审档案柜。账单一定要连号，作废单、退菜单必须经餐厅经理签字。

签阅栏		如同意下述两点，请在签阅栏处签字 （1）本人保证严格按此文件要求执行工作 （2）本人有责任在发现问题时，第一时间向本文件审批人提出修改意见			
相关说明					
编制人员		审核人员		审批人员	
编制日期		审核日期		审批日期	

四、营收现金管理规范

酒店财务部服务标准与服务规范文件		文件编号		版本	
标题	营收现金管理规范	发放日期			

1. 酒店对营收现金采用钱、账分开的管理方法。

2. 酒店夜审员、前厅、餐厅和其他营业点的收银员均应在下班时将各班次的账单点核清楚，并完成各班的营业收入报告。

3. 账单和有关报告应于下班后第一时间交到各班次领班的办公室，以便在初步核查后转夜班审核组进行随后的账务工作。

（1）现金收入应由该班当值领班或前厅收银员当面见证并点算清楚后，实时在现金袋上如实填写清楚，并在该见证人的见证下封好现金袋，在袋口骑封加签，然后实时投入现金保险箱中。

（2）收银员和当值领班均需在投缴记录表上同时签字。所有封袋需使用胶水封口，不得使用透明胶或订书机封钉进行加封。

（3）所有收银员必须在缴纳现金收入并完成该班次的报表及账务后方可下班。

4. 每一班次的收银员在完成账表的核查工作后，即应将其所持现金中属零找备用金的部分划出，点核清楚后存入由其个人保管的零找现金保险库内加锁存储。

5. 所有投缴事项必须即核、即签、实时投箱，不得以任何理由拖延。缴款人和见证人均有责任监督对方按本规定条款完成规定的事项和核签，对不按规定操作而导致的后果，双方负同等责任，受同等处分。

6. 每班现金收入必须与该班营业报表内所统计的现金销售额相吻合，如有任何差异应实时查明。差异部分不论是超出还是短缺均应如实填报，记录在收银员报表内的现金超短栏内并及时上报。

7. 现金管理检查

（1）每一班次的领班应对各班次收银员现售所得现金的缴纳情况进行检查，保证所有现金收入款项均已缴纳入库。

（2）每一班次的领班均应对收银员缴纳登记表进行检查，并对出现不完善的情况实时查明原因，并将情况通知在班的上一级主管人员，若当时未有直属上级主管时，应向当时财务部在酒店当值的其他主管人员报告。

（3）总出纳在第二天与见证人共同打开保险箱取出缴纳封袋时，根据缴纳封总包数及缴纳封是否有破损情况填写“收银缴纳登记表”，实际包数或封内的缴款如与登记表所载情况不一致时，应请第三方（前台收银处24小时均有人员当值）作证，并第一时间报告上级主管处理。

（4）总出纳及见证人均须在登记表上加签，任何一方漏签，而另一方未能予以提醒者，均属疏忽责任。

（续）

（5）收益审核每天均应在总出纳完成缴款点核后，检查经总出纳和见证人加签的登记表，并与收入报告的现售总额核对，保证该天的现金收入确已无误入库。如有差异，应实时与总出纳共同查明原因，切不可拖延，以免增加核查的难度。

（6）总出纳应对各收银员的零找备用金情况进行不定期检查，每月至少查两次。具体时间根据营业情况确定，但不得预先通知。

（7）收银主管应对在岗收银员进行不定期的现金（包括备用金和当时的营业现金）检查。所有检查应根据营业情况考虑，避开高峰期，在不预先通知的情况下进行。检查次数每月不少于两次。

（8）总出纳和收益审核进行的检查均应留有记录，记录应有检查人员和收银员双方的签字，以确认当时的检查结果。为保证检查在公正和严肃的情况下进行，所有的现金检查均应有第三方作为见证人，整个检查过程应在见证人监督下进行，并由见证人在双方人员在检查记录上签名后加签证明。

8. 总出纳在点核所有缴款后，应将各收银员的缴款情况，如实在每日现金日报表中进行记录，并将副本抄送收银主管查对。

9. 收银缴纳登记表应至少保留 18 个月，每天现金日报表应作为辅助账表，并由总出纳加以保管。

10. 对于不按规定要求，在没有见证人的情况下独自封袋投箱者，除因此引致的后果全部由其个人负责外，还应按触犯部门规章制度进行处罚：初犯者予以口头警告，蓄意再犯者予以书面警告，以至最后警告。

11. 缴纳人和见证人因没有当面点核或不认真点核造成过失的，按第 10 项规定同等处分。

12. 收银缴纳登记表的每一栏均应按规定的内容和格式完成数据填写，并在规定的栏位签名，不得有遗漏、错填。其中需要更正之处，应用横线划去，再在其上方写上正确数据，然后由缴纳及见证双方加签，违反本项规定者按与第 10 项相同的程度给予处分。

13. 本规范监督落实由酒店财务总监负责，财务总监可以根据实际情况对本管理规范进行修订，修订本规范事宜应及时报酒店行政人事部备案。

<table>
<tr><td>签阅栏</td><td></td><td colspan="4">如同意下述两点，请在签阅栏处签字
（1）本人保证严格按此文件要求执行工作
（2）本人有责任在发现问题时，第一时间向本文件审批人提出修改意见</td></tr>
<tr><td>相关说明</td><td colspan="5"></td></tr>
<tr><td>编制人员</td><td></td><td>审核人员</td><td></td><td>审批人员</td><td></td></tr>
<tr><td>编制日期</td><td></td><td>审核日期</td><td></td><td>审批日期</td><td></td></tr>
</table>

五、账款催收工作规范

酒店财务部服务标准与服务规范文件		文件编号		版本	
标题	账款催收工作规范	发放日期			

一、日常信用催款管理

（一）了解客户欠款情况

收银主管及时掌握客户欠款情况，组织信贷收款员采取催款措施，并及时将有关客户的信用情况提供给营销部、前厅部等部门。

（二）账单汇总、分类

1. 信贷收款员每天从收银主管处取得从前台通过电脑转来的外客明细账单。

2. 信贷收款员初步审核明细账所列客户名称及有关资料填写是否齐全。

3. 信贷收款员将账单按国外、外地、本市进行分类，并汇总当天外客账单总额，以便统计。

4. 信贷收款员每月初报出上月外客账发生数、收回数、欠款金额数，以及欠款收回率等，月初编写“上月催收情况汇报”，报收银主管审核，并呈报财务部经理和营销部经理。

二、账款催收工作细则

（一）住店客人账款催收

1. 掌握客人超额消费情况

（1）每天检查住店客人的明细账单，审查每位住店客人当日余额栏的金额是否超过酒店规定的信用限额，逐步标出当日超限额的客户名单。

（2）编制住店客人信用超限额情况报告。

2. 账款催收

（1）对用现金结算的超限额客人，应填写结账通知书，由信贷收款员送到客人房间催收。

（2）对用信用卡结算的超限额客人，应填写结账通知书催收，催收信卡需加上“因阁下信用卡未取得授权号码，请改换其他信用卡或其他结款方式到总台结账付款”等字句。

（3）对不受信用限额限制，但欠账余额高出规定的住店客人，应审查其手续是否符合酒店的有关规定。

（4）对长住客人应检查是否按合同规定的结算日期开单结账，重点检查有无超过结算日期尚未付款的情况。

（5）对有合同的非长住客人按合同进行管理，没有合同的应检查其限额待遇是否有正式批准单，是否符合规定的手续。

（6）对由当地单位代为结账的住店客人，应检查与代结账的单位是否签订了合同，手续是否齐全。

3. 一次催收失败情况处理

（1）每天检查汇总发催收信后的付款情况，针对仍未付款客人应进行电话催款，并对客人的答复进行记录。

（续）

（2）次日，信贷收款员若发现住店客人仍未办理付款，应向前台收银员了解原因，再根据实际情况安排下一步催账措施，同时将客户消费情况及催账情况向有关领导报告，必要时采取取消其赊账消费待遇等相应措施。

（二）挂账客人的账款催收

1. 信用复核

（1）复核当地企业、机关等单位提出的挂收结算申请

复核内容包括：申请单位的详细资料是否齐全；有无酒店销售部门签署的意见；以往在本店的消费记录和付款情况；挂账最高累计限额及期限。

（2）复核与协议单位签订的汇账结算合同

复核内容包括：协议单位有关资料是否齐全；以往在本店欠账与付款情况；付款信用；合同规定的房价及其他服务价格；挂账的最高累计限额；结算方式及结算期限等。

2. 转账审核

（1）审核转来的转账结算单据，检查委托资料是否齐全，还应审核其优惠折扣是否与合同一致。

（2）整理转账结算单据后，邮寄或上门送交对账单和转账结算单。

（3）按照单位账号或明细科目，将账单的日期、号码、金额等内容输入电脑或汇入各账户中，收到款项后及时转销。

3. 账款催收

（1）按照结款期限的相关规定，对未及时付款的客人，应向客人发放账款催收通知单。如有必要，可采取上门催收的方式。客人须在收到酒店的账单后____天内清付欠款。

（2）对一次催收不成功的，应由财务部经理亲自进行联系催收账款，仍不能结账的，按呆、坏账处理，并采取措施限制相关客人将来的酒店消费方式和享受的信贷政策。

三、账款催收工作质量要求

（一）达到账账相符

保证应收账款账户的总账、明细账以及余额账账相符。

（二）掌握客户资信情况

提供客户信用资信情况表，避免对信用差的客人进行赊账销售。

（三）加强审核

遵守酒店信用政策，严格审核销售合同及客人信用，保证营业收入的安全入账。

签阅栏		如同意下述两点，请在签阅栏处签字 （1）本人保证严格按此文件要求执行工作 （2）本人有责任在发现问题时，第一时间向本文件审批人提出修改意见			
相关说明					
编制人员		审核人员		审批人员	
编制日期		审核日期		审批日期	

六、客用保管箱管理规范

酒店财务部服务标准与服务规范文件		文件编号		版本	
标题	客用保管箱管理规范	发放日期			

1. 酒店设有客用保管箱免费供给酒店住客使用，保管箱由前厅收银处负责管理，以保障客人贵重财物的安全。

2. 客人有贵重物品存放，须在前厅收银处填写“保管箱使用登记卡”，办理开设保管箱手续后即时领取客用匙。

3. 客人签名应使用同住店客人旅行证件签名一致的式样，避免使用简单的签字，以确保住店客人的利益。

4. 对于酒店认为太简单的签名式样，前厅收银员应礼貌地要求客人改用较为安全及不易模仿的签字式样。对太简单的签字式样，前厅收银员可不予接纳。

5. 贵重物品的保管或提取，应核对在“保管箱使用登记卡”上预留的客人签名后，由前厅收银员安排其进入保管箱室，保管箱不得转让或借与他人使用。

6. 对所有物品的存储及提取，务必由登记开设保管箱的客人亲自到前厅收银处办理。非本人办理或签字核证不符时，前厅收银员不得为其办理提储事务。禁止无关人员进入保管箱室。非经财务总监批准，“保管箱使用登记卡”不准携离前厅收银处。

7. 酒店除应指定专人监督前厅收银员严格执行管理制度的各项规定外，收银主管应定期及不定期对管理业务进行检查，并留有记录以供核查。

8. 客用保管箱一般备有两套保管匙和客用匙。酒店应将其中一套在保安人员见证下予以销毁，只可保留一套使用，以免在锁匙控制上出现不可弥补的漏洞。

9. 保管匙由长驻前台的高级主管人员保管，不可随意落入收银员手中。如人手确实不足时，则应指定收银领班持有，且应在每班交接时在长设的固定专用记录本上，由双方签收交接，以保证保管匙在任何情况下均不落入第三方手中。

10. 客用匙除在客人领用期间由客人保管外，前厅收银处应设有客用保管箱匙投放箱，在客人退箱时，由客人亲自投入箱内，并在保管卡的退匙栏加签证实。

11. 客用保管箱投匙箱管理

（1）投匙口进行V型设计，投匙口仅可容客用匙投入而不能以任何方法从投放口取出。

（2）投匙箱取匙口应加匙管控，该匙由收银主管以上级别的人员持有，并每天根据“退箱控制表”查退回的客用匙，并重新用匙封袋封好，交回未用客用匙控制箱内锁好，并在记录单上由双方加签确认。

（3）所有回收的客用匙经点核无误、重新封袋后，由该主管人员在封口骑缝加签。

12. 存放在控制箱内的客用匙，必须全部封袋完好、无任何破裂情况。如残破应实时查明原因，追究该班经管人员。有关客用箱在事件未查明原因前，不得发给客人使用，以免责任不清。

（续）

13. 除使用客用“保管箱使用登记卡”，每次核对客人签字外，酒店对在用和未用的客用匙，应分别设有固定记录本，记录管控和使用情况。

14. 交接班时客用保管箱的管理

（1）在每一次交接班时，由双方逐个匙号点查，签收交接。接收人对客用匙的保管负有绝对责任。

（2）点查范围应包括匙号是否存在；封袋是否完好；封袋是否未被以任何方法折封；骑封口加封是否正常、是否为原封袋人签字；封袋内是否确为客用匙。

15. 客用匙在交付客人使用时，封袋应完好无裂，封袋加签未有变位。收银员应提醒客人检查，并在客用匙登记和封袋上加签证明。

16. 经客人加签的封袋应随“保管箱使用登记卡”一并存放，交回主管人员检查。

17. 客用匙丢失处理

（1）由于酒店只保留一套客用匙在用，故在客人丢失客用匙的情况下该保管箱将无法正常开启，只能采用钻锁、爆箱方能取出箱内物品。

（2）有关费用在客用“保管箱使用登记卡”中应予以列明，以免产生争执，万一出现此情况时，爆箱工作应在保安人员见证下进行。

18. 客人离店后如在保管箱内遗留财物，酒店予以保管，以30天为保管期。酒店可应客人请求将遗留物品送回，一切费用由客人承担，客人报称遗留的财物如与酒店开箱后发现的实际财物不符，或财物寄回途中有损失或损坏，酒店概不负任何责任。

19. 客人对离店后30天内在保管箱内所遗留财物，需支付保管箱租金（人民币________元/天）。

20. 遗留物品处理

（1）如离店后超过30天，客人仍未与酒店联络要求索回所遗留财物，酒店有权以酒店认为最适宜的任何方式予以变卖。

（2）所得款项用以抵偿客人应付的保管箱租金及其他开支，如有余款归还客人。如变卖后30天内客人仍未与酒店联络，则余款将归属酒店。

21. 客人离店前应取回所有箱内财物，退回保管箱，并将客用匙投入前厅收银处的客用匙投放箱，并在登记卡上加签退箱。收银员应在客人退箱时检查保管箱，以确认客人已取回全部财物，以免日后产生争执。

22. 收银员在客人退箱时应在控制记录本上记录并加签，以便于日后核查。

23. 酒店必须采取有效措施，保证在任何情况下，任何酒店员工均不可能有任何机会，以任何方法将保管匙和客用匙带离酒店，或以任何方法仿制。

（续）

签阅栏		如同意下述两点，请在签阅栏处签字 （1）本人保证严格按此文件要求执行工作 （2）本人有责任在发现问题时，第一时间向本文件审批人提出修改意见			
相关说明					
编制人员		审核人员		审批人员	
编制日期		审核日期		审批日期	

七、收银业务备用金管理规范

酒店财务部服务标准与服务规范文件		文件编号		版本	
标题	收银业务备用金管理规范	发放日期			

1. 收银业务备用金的定义

收银业务备用金是酒店财务部借支给酒店各营业点收款岗的专项款项。

2. 收银业务备用金的发放

（1）财务部经理根据业务需要拟定收银业务备用金数额。

（2）经总经理审批后，由财务部发放，并挂前厅收银处往来。

3. 收银业务备用金的使用

（1）收银业务备用金只可用于收款找零、支付预收款、外币兑换等用途，不得擅自挪用。

（2）紧急情况下，收银业务备用金的使用须经财务部经理和酒店总经理审批。

4. 收银业务备用金的内部控制

（1）收银业务备用金的内部控制由财务部和各使用部门共同控制。

（2）各营业点收银岗的业务备用金日常管理由各使用部门收银员负责，财务部备案。

（3）各营业点收银岗需建立业务备用金每班交接制度，设立交接登记簿，记录每班交接情况。

（4）各部门指定专人定期检查、核对本营业点的业务备用金，每星期至少检查一次，并做好检查记录。

（5）财务部指定专人负责检查各营业点备用金，可采取定期或不定期的方式进行，每月至少检查4次，月末须将检查情况向财务部经理汇报。

5. 收银业务备用金的交回

（1）因业务量减少而导致业务备用金需求额降低时，经财务部经理核准后，应通知各收银点将多余的款项及时交回财务部。

（2）因业务调整或不需备用金，收银员应及时办理相关的交接手续，交接手续办理需两名监督人在场。

（续）

<table>
<tr><td>签阅栏</td><td></td><td colspan="4">如同意下述两点，请在签阅栏处签字
（1）本人保证严格按此文件要求执行工作
（2）本人有责任在发现问题时，第一时间向本文件审批人提出修改意见</td></tr>
<tr><td>相关说明</td><td colspan="5"></td></tr>
<tr><td>编制人员</td><td></td><td>审核人员</td><td></td><td>审批人员</td><td></td></tr>
<tr><td>编制日期</td><td></td><td>审核日期</td><td></td><td>审批日期</td><td></td></tr>
</table>

第五节 收银处服务常用文书与表单

一、预付款单

店徽　　　　编号/No.：

预付款单

日期：__________

姓名：__________　　　　房号：__________

抵店日期：__________　　　　离店日期：__________

预付金额（大写）：____________________

备注：

付款人：__________　　　　收款员：__________

说明：本单一式三联，第一联由客人留存，第二联由财务留存，第三联由总台留存，各联用不同颜色加以区分。

二、送件回单

单位： 日期：____年____月____日

日期	件别	账单号码	金额	备注

收件人： 填表人：

三、承诺付款书

承诺付款书

1. 全部费用：____________________

我承诺支付____________________房____________________先生/小姐的全部费用。

2. 房费：____________________

3. 其他费用（请特别说明）：____________________

付款方式为现金/信用卡（信用卡号码____________________）

客人姓名：____________________ 签名：____________________

房号： 日期：____________________

特别费用说明： 经办人：____________________

四、收银日报表

日期：____年____月____日 班次： 第____页，共____页

账单号	房间号	客人姓名	费用合计	付款方式和额度			
				现金	支票	信用卡	转账
本日合计							

（续）

说明	账单号码____号起到____号止，共____张，其中作废账单号为____号，共____张

复核人：　　　　　　　　　　收银员：　　　　　　　　　　夜审：

五、对账通知书

对账通知书

尊敬的____________________：

感谢您下榻我酒店，您住宿的________房间，________月份账单已准备就绪，总金额为________元。

请劳驾您前往总服务台结算账款。我店支持现金、信用卡和支票等付款方式。

谢谢您的惠顾与合作。

总服务台谨启

____年____月____日

六、缴款登记表

日期：____年____月____日

营业部门	班次/交款时间	金额	交款人	证明人	备注

交款人（收银员）：　　　　　　　　总出纳签字：　　　　　　　　证明人签字：

七、收银员缴款袋

收银员缴款袋

收款日期：____年____月____日

收款人姓名：________________

营业部门：____________________

值班时间：自____午____时____分至____午____时____分

本袋内装现金

人民币							
序号	面额	数量	总额	序号	面额	数量	总额
1	100 元券			7	5 角券		
2	50 元券			8	2 角券		
3	20 元券			9	1 角券		
4	10 元券			10	5 分币		
5	5 元券			11	2 分币		
6	1 元券			12	1 分币		
合计							

本袋内装其他票据

支票	数量	总额	信用卡	数量	总额
小计			小计		
合计收入票据					
合计现金收入及票据					
人民币长款			人民币短款		

内附：收银员日报表一份

收银员领班________________　　收银员________________

八、代客支款通知单

交款日期：____年____月____日

要求支款单位		支款原因	
要求支款单位联系人		支款地点	
支款金额		账单号码	
收款人		支款批准人	
付款人		付款批准人	

财务部经理批准：　　　　总经理批准：　　　　制单人：

说明：本单一式两联，第一联由客人留存，第二联由收银处留存。

第六节　收银处服务质量提升方案

一、走单损失控制方案

标题	走单损失控制方案		文件编号		版本	
执行部门		监督部门		考证部门		

1. 目的

为了减少客人走单给酒店带来的损失，特制定本方案。

2. 留意特殊客人

多数走单客人没有订房或仅在入住当天才订房，接受此类订房时需特别留意。

3. 要求现金付费

（1）当入住散客携带较少行李或没有随身行李时，必须要求客人以现金预付整个居住期间的房租及附加费。

（2）知会客人酒店提供的一切服务需以现金结算。如客人要求延长住宿时间，前台服务员需知会客人缴付预付续住租金。

（续）

4. 加强审核 应收账款会计和前台值班经理对酒店客人的赊账及挂账的详细资料进行严格审核检查、讨论并进行有效追讨。	
相关说明	

二、客人延时离店处理方案

标题	客人延时离店处理方案		文件编号		版本	
执行部门		监督部门		考证部门		
1. 客人预先声明的延时离店处理 （1）收银员无权批准客人延时离店，应将此事向大堂副理或前厅部经理汇报，由大堂副理或前厅部经理批准。 （2）由大堂副理以上职位人员填写“延时离店通知单”，标明延时离店费用标准，包括免费、半费或全费等。 （3）前厅收银员根据“延时离店通知单”请客人签字，并根据客人的延时情况收取房费。 2. 客人未事先声明的延时离店处理 （1）客人办理结账手续时，前厅收银员应向客人耐心解释酒店关于延时离店的相关规定。 （2）若客人对上述规定表示异议，收款员应有耐心、有礼貌地向客人进行解释，必要时应及时请当班主管人员或大堂副理协助解决。 （3）结账操作 ①前厅收银员根据延时离店的费用标准，加收半日或全日房费。 ②前厅收银员填制杂项调整单，写明房号，按电脑中的房价计算房费，用费用代码在该客人账单中加入房费。						
相关说明						

三、收银紧急情况处理方案

标题	收银紧急情况处理方案		文件编号		版本	
执行部门		监督部门		考证部门		
1. 若电脑系统出现故障，应及时改用手工程序，做到心中不乱。 2. 利用夜审后的客人日账表，加上当日消费账单作为结账依据。 3. 事先得到通知需短时间停机时，可预先打印一份收银参考报告。 4. 诚恳地向客人解释说明，并对由此给客人带来的不便向客人道歉。 5. 接班时需用手工结账报告将当日业务进行分类、汇总，以平账。						
相关说明						

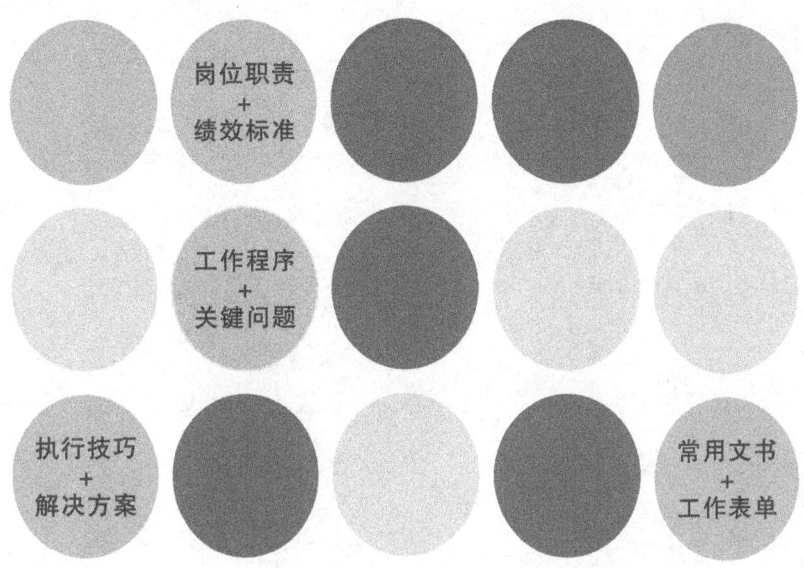

第三章

会计处精细化管理

第一节　会计处岗位描述

一、会计处岗位设置

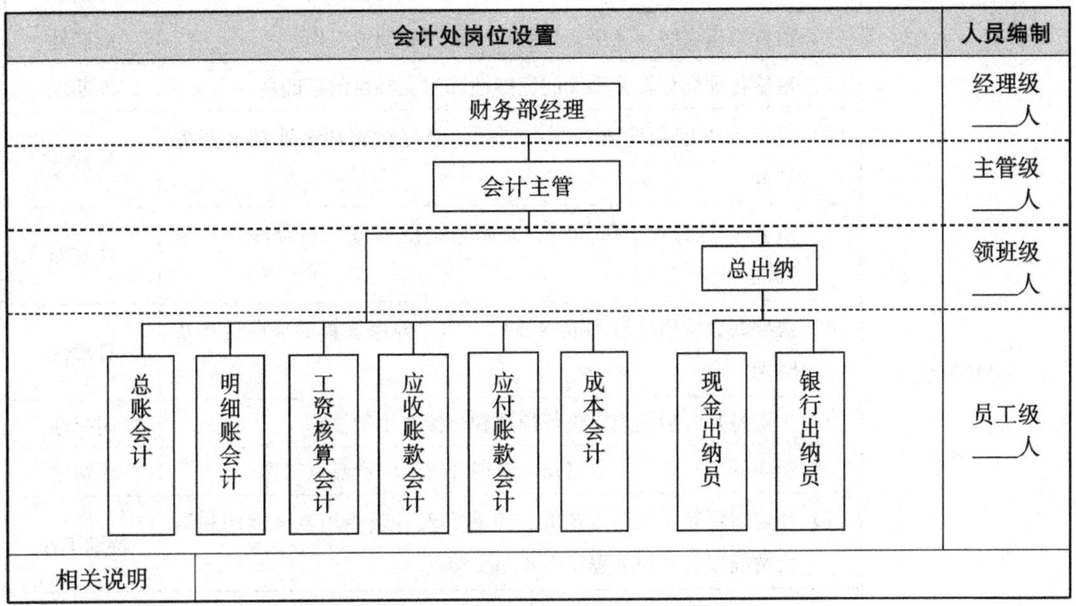

会计处岗位设置	人员编制
财务部经理	经理级 ____人
会计主管	主管级 ____人
总出纳	领班级 ____人
总账会计、明细账会计、工资核算会计、应收账款会计、应付账款会计、成本会计、现金出纳员、银行出纳员	员工级 ____人
相关说明	

二、会计主管岗位职责

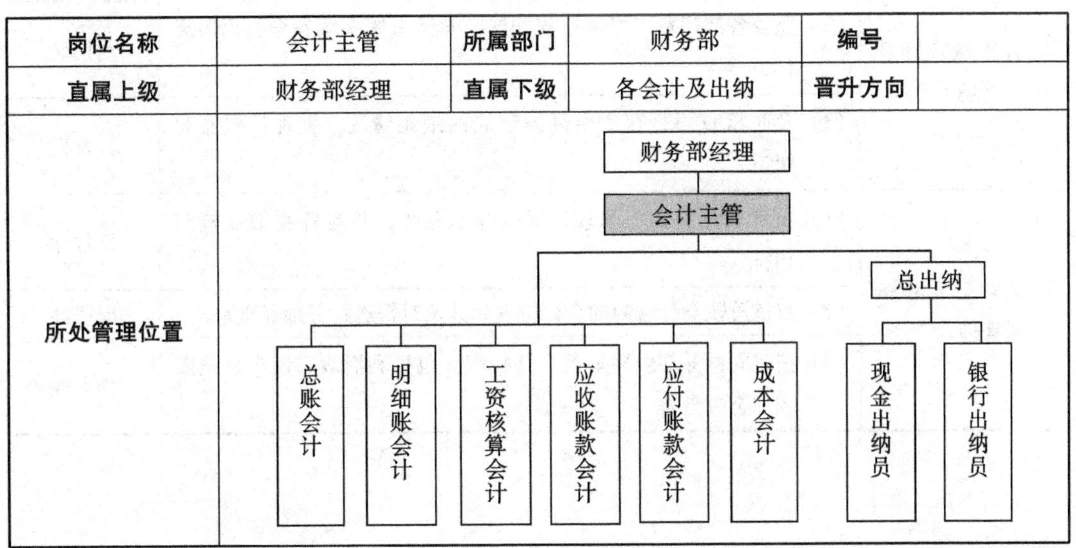

岗位名称	会计主管	所属部门	财务部	编号	
直属上级	财务部经理	直属下级	各会计及出纳	晋升方向	
所处管理位置	（见上图）				

（续）

职责概述	在财务部经理的领导下，负责酒店会计账务的核算工作，确保各类凭证和账目的全面、准确、合法、有效，如实反映酒店经营情况	
职责	职责细分	职责类别
1. 会计制度规范制定	（1）参与制定酒店会计核算制度，并认真执行和实施	周期性
	（2）参与制订酒店各项收支计划，并认真执行和实施	周期性
	（3）负责酒店二级、三级会计科目的设置和调整工作	周期性
2. 会计核算管理	（1）审核各项会计核算手续的完整性和列支科目的正确性	周期性
	（2）定期或不定期检查各明细账项，督促检查往来账项的账务核算	日常性
	（3）检查酒店所有记账凭证、原始凭证的有效性、合法性和正确性	日常性
	（4）督导薪金费用核算和成本核算工作，确保核算的准确性和及时性	日常性
	（5）负责每月各项按规定进行预提和待摊费用的核算	周期性
	（6）参与酒店月度、年度以及不定期开展的财产盘点工作	周期性
	（7）负责专用款项的明细核算，正确反映各项专用基金运用和结余情况以及专项工程支出和完工情况	特别工作
	（8）督促检查会计档案的保管与存档情况，做到存档有记录、调档有手续	日常性
3. 费用报销和现金管理	（1）审核总出纳的收支凭证及备用金情况，保证库存现金的安全	日常性
	（2）监督各部门费用报销业务开展，确保报销手续齐全、无违规行为	周期性
	（3）及时检查银行存款余额调节表的编制情况，发现问题及时纠正	日常性
4. 会计报表和缴税管理	（1）负责填制科目汇总表，据以登记总账，并与各明细账核对相符	日常性
	（2）审核总账会计编制的会计报表，并及时报送财务部经理审核	周期性
	（3）按时向财务部经理呈报会计报表，包括利润表、资产负债表和现金流量表	日常性

（续）

职责	职责细分	职责类别
4. 会计报表和缴税管理	（4）组织开展酒店税款的计算、申报、缴纳工作和有关财政、工商的财务事宜，督促检查各项税金的计算上缴	日常性
	（5）按每月工资表、水电耗用表、燃气耗用表等费用项目编制部门费用分摊表	周期性
5. 下属员工管理	（1）对出纳工作及会计工作进行督促和监督，并协调各项工作	日常性
	（2）负责下属员工的排班、考勤和考核工作，提出奖惩意见	日常性
6. 其他工作	（1）按时完成财务部经理交办的工作，解答财务部经理提出的问题	日常性
	（2）定期向财务部经理汇报工作	周期性

三、总出纳岗位职责

岗位名称	总出纳	所属部门	财务部	编号	
直属上级	会计主管	直属下级	各出纳员	晋升方向	
所处管理位置	会计主管 → 总出纳 → 银行出纳员、现金出纳员				
职责概述	在会计主管的领导下，负责酒店现金管理和出纳事务管理，确保现金使用、保管的准确性、有效性和合法性				

职责	职责细分	职责类别
1. 现金和票据管理	（1）保管酒店库存现金、有价证券、空白支票、空白收据等	日常性
	（2）采用不定期抽查的方法检查酒店库存现金情况	日常性
	（3）每日会同现金出纳核对库存现金，做到账款相符	日常性
	（4）定期检查各部门的备用金情况，并做好检查记录	日常性
	（5）负责收银点收入现金、转账票据的汇集和送存银行工作	日常性
	（6）监督现金出纳的酒店工资、奖金的发放工作	周期性
	（7）每日点算收存现金，做好日收入和支出项目账，并结出现金余额	日常性

（续）

职责	职责细分	职责类别
2. 报告、账目和报表管理	（1）负责编制总出纳报告和银行余额调节表	日常性
	（2）编制收款凭证，审核现金日记账和银行存款日记账	日常性
	（3）妥善保管各种收、付款证和酒店每日收入报告，并及时整理归档	日常性
	（4）负责预收定金及各部门暂支款的辅助台账管理，及时催收暂支款	日常性
	（5）检查酒店所有收、付缴业务凭证，做到有凭证、有审批，手续完备	日常性
3. 下属员工管理	（1）督促、协调银行出纳和现金出纳之间的工作	日常性
	（2）负责下属员工的排班、考勤和考核工作，提出对下属进行奖惩的建议	日常性
4. 其他工作	（1）积极参加培训，不断提高业务技能	日常性
	（2）按时完成会计主管分配的其他工作	日常性
	（3）保持同酒店相关部门和银行等外部机构的良好关系	日常性

四、总账会计岗位职责

岗位名称	总账会计	所属部门	财务部	编号	
直属上级	会计主管	直属下级		晋升方向	
所处管理位置	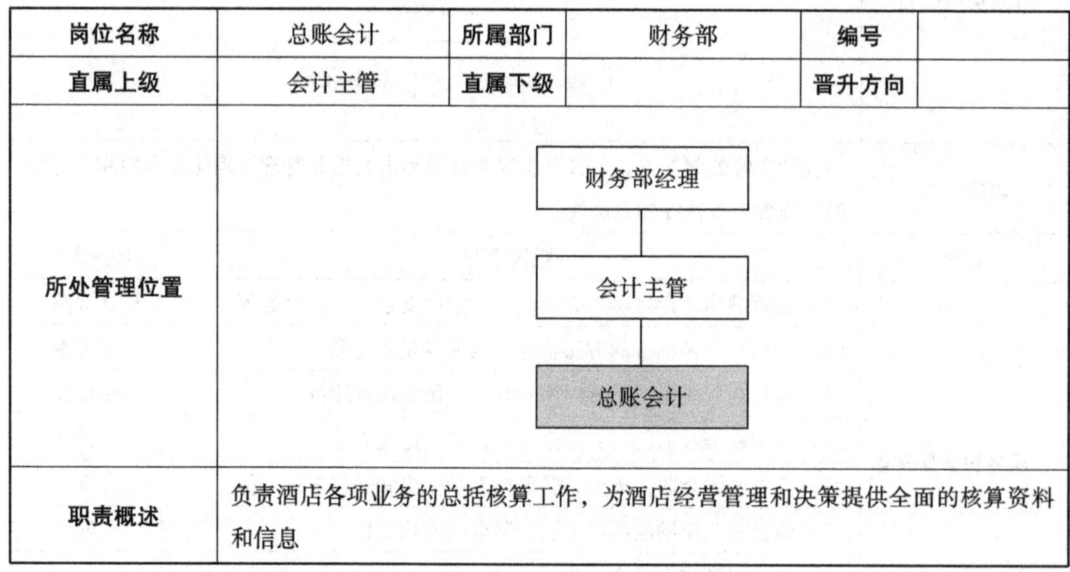				
职责概述	负责酒店各项业务的总括核算工作，为酒店经营管理和决策提供全面的核算资料和信息				

（续）

职责	职责细分	职责类别
1. 总账核算	（1）负责酒店总分类账户的核算	日常性
	（2）处理应收账、应付账、总出纳、工资等账目的汇总	日常性
	（3）负责月底会计核算的转账	周期性
	（4）做好成本控制营业核数的账目及报表核对工作	日常性
	（5）完成总账与明细账、一级账与二级账会计核对，做好调账记录	日常性
2. 报表编制和数据计算	（1）编制利润表、资产负债表、现金流量表等会计报表	日常性
	（2）进行酒店利润或亏损的计算	日常性
	（3）根据酒店和部门需要，提供会计核算数据	日常性
	（4）做好转账凭证的电脑输入、记账和会计账簿打印工作	日常性
3. 税收和保险的计算、办理	（1）负责各类税收的申报及应缴款项的核算、计提，并办理结算手续	日常性
	（2）负责各类保险的续保、保费承付和索赔工作	日常性
4. 其他工作	（1）协助会计师事务所完成酒店年度财务审计工作	日常性
	（2）做好各类账目、会计资料的存档和保管工作	日常性
	（3）与明细账会计进行工作协调，积极开展合作	日常性

五、成本会计岗位职责

岗位名称	成本会计	所属部门	财务部	编号	
直属上级	会计主管	直属下级		晋升方向	
所处管理位置	财务部经理 │ 会计主管 │ 成本会计				

（续）

职责概述	在会计主管的领导下，进行酒店各项业务的成本费用核算，准确、全面反映酒店成本费用的经济活动状况	
职责	职责细分	职责类别
1. 成本核算	（1）负责每天登记库存商品明细账	日常性
	（2）审核成本费用支出的原始凭证	周期性
	（3）编制会计凭证，并对会计凭证进行临时保管	日常性
	（4）参与存货定期盘点工作，编制盘盈盘亏报表并及时上报	周期性
	（5）编制其他各项成本费用的明细账，并按月同酒店总账进行核对	日常性
2. 协助进行成本控制工作	（1）协助各部门核算员做好各项成本费用管理工作	周期性
	（2）协助拟定成本核算实施细则，报上级主管和财务部经理核准后执行	日常性
	（3）制定酒店各类成本定额和成本标准，会同成本管理员进行推广	日常性
	（4）编制成本费用报表，报会计主管、财务部经理及相关人员审核	日常性
3. 其他工作	（1）定期或不定期向会计主管汇报工作	日常性
	（2）完成会计主管交办的其他临时性工作	日常性
	（3）解答与成本有关的问题	日常性

六、明细账会计岗位职责

岗位名称	明细账会计	所属部门	财务部	编号	
直属上级	会计主管	直属下级		晋升方向	
所处管理位置	财务部经理 会计主管 明细账会计				

（续）

职责概述	负责酒店各类明细账的管理，为酒店经营管理和决策提供明细分类核算资料和信息	
职责	**职责细分**	**职责类别**
1. 编制记账凭证和明细账	（1）登记酒店各营业部门除成本、工资、应收应付账款外的明细账	日常性
	（2）审核各经营科目中经营事项的内容、用途、手续和原始单据金额等，填制相应会计科目的记账凭证	日常性
	（3）审查酒店各经营科目经营事项的收支结算情况	日常性
	（4）登记和编制各种明细账簿账目	日常性
2. 编制报表	（1）及时结算账务余额，并进行每月的月结工作，制作科目余额表	周期性
	（2）定期编制、汇总明细账的相关报表，并上报主管领导审核	周期性
3. 其他工作	（1）参与财务清查盘点工作	日常性
	（2）同总账会计进行总账和明细账的核对，确保账账相符	日常性
	（3）完成会计主管交办的其他工作	日常性

七、工资核算会计岗位职责

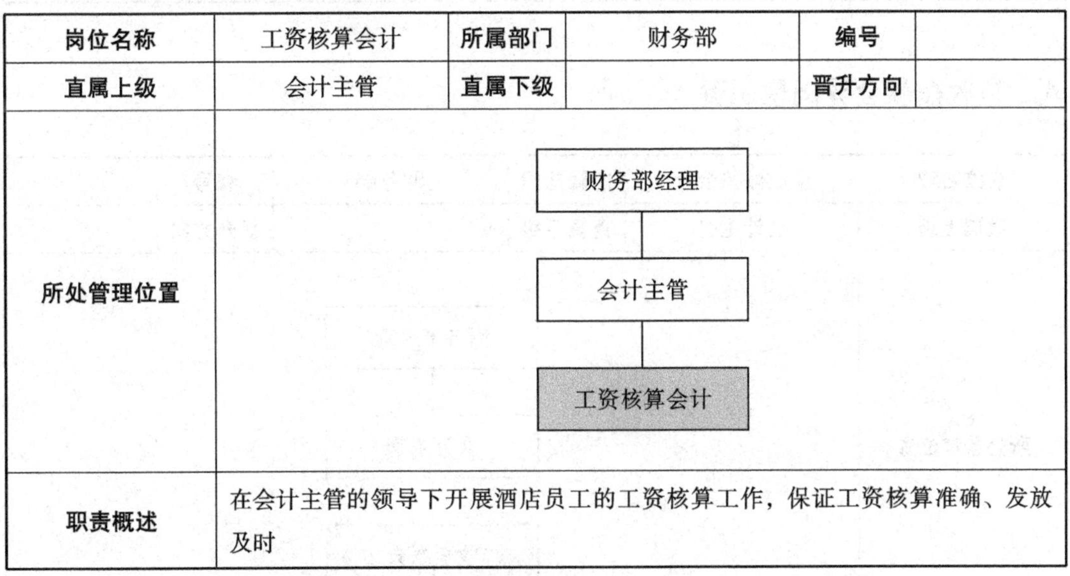

岗位名称	工资核算会计	**所属部门**	财务部	**编号**	
直属上级	会计主管	**直属下级**		**晋升方向**	
所处管理位置	财务部经理 会计主管 工资核算会计				
职责概述	在会计主管的领导下开展酒店员工的工资核算工作，保证工资核算准确、发放及时				

（续）

职责	职责细分	职责类别
1. 工资核算和发放	（1）审核工资、奖金等费用金额	日常性
	（2）编制记账凭证和工资明细账	周期性
	（3）计提员工工资福利基金和工会经费	周期性
	（4）负责到银行办理开户、清户、冻结账户等手续，并计算各种有关补发款项，经部门总监及经理审批后及时发放	日常性
2. 工资分析和报表管理	（1）负责对行政人事部转来的各类工资表单进行登记、编号和计算	日常性
	（2）分析各个时期员工工资、福利、津贴等的发放标准和变动情况	周期性
	（3）统计酒店各工种员工人数、工资数额、津贴项目及总额平均数	日常性
	（4）按时向上级主管部门报送有关报表，催收财政补贴	周期性
3. 工资核算资料管理	（1）负责酒店工资核算原始凭证和记账凭证的保管	周期性
	（2）负责每月将工资、各种福利通知单及工资变动表进行分类装订	日常性
4. 其他工作	（1）配合会计主管完成其他相关工作	日常性
	（2）同现金出纳协调现金工资的发放	周期性

八、应收账款会计岗位职责

岗位名称	应收账款会计	所属部门	财务部	编号	
直属上级	会计主管	直属下级		晋升方向	
所处管理位置	财务部经理 → 会计主管 → 应收账款会计				

（续）

职责概述	负责酒店应收账款的收款结算工作，提供全面、准确的酒店应收款信息和数据	
职责	职责细分	职责类别
1. 应收账审核和汇总	（1）审核前厅收银处转来的有关转账发票是否与有关协议、合同及纪要相符	日常性
	（2）复核账单金额，并与夜审报表核对，发现问题及时处理	日常性
	（3）掌握酒店对外签订的结算协议、合同、纪要的收费标准和结账方式，并负责保管这些协议、合同及纪要	日常性
	（4）负责核算及检查酒店发生的所有应收账款账目，编制应收账款明细账，确保应收账款账户的正确性和规范性	日常性
2. 应收账催收和报表管理	（1）按合同、协议规定时间将结算清单、账单书面通知付款单位付账	日常性
	（2）及时检查收款情况，做好催收工作，防止错结、漏结、迟结	日常性
	（3）每月编制应收账款报告和账龄分析报表，总结应收账回收情况	周期性
3. 其他工作	（1）完成会计主管交办的其他工作	周期性
	（2）针对应收账款的管理提出合理化建议，改进账款回收工作	日常性

九、应付账款会计岗位职责

岗位名称	应付账款会计	所属部门	财务部	编号	
直属上级	会计主管	直属下级		晋升方向	
所处管理位置	财务部经理 ↓ 会计主管 ↓ 应付账款会计				
职责概述	负责酒店应付账款的付款结算工作，确保付款各项事宜的规范、合理以及符合要求				

（续）

职责	职责细分	职责类别
1. 审核应付账款单据	（1）收集采购部每天的收货记录汇总表及有关发票	日常性
	（2）检查发票及购货订单上的签名、印章、数量、单价及合计金额	日常性
	（3）检查并保证发票的数量、单价与采购申请单、仓库补货单、月结单收货记录及其他有关凭证相符	日常性
2. 应付账款核算	（1）根据采购部和其他部门的账款原始凭证编制记账凭证	日常性
	（2）根据原始凭证和记账凭证登记明细分类账	日常性
	（3）负责对原始凭证和记账凭证的装订和临时保管工作	日常性
3. 应付账款报表管理	（1）每月打印应付账款电脑明细账表	周期性
	（2）每天向会计主管提供应付货款资料	日常性
	（3）编制银行付款传票和银行汇款单，并交会计主管审核	日常性
4. 其他工作	（1）提出应付款管理的合理化建议	日常性
	（2）完成上级领导交办的其他工作	日常性

十、现金出纳员岗位职责

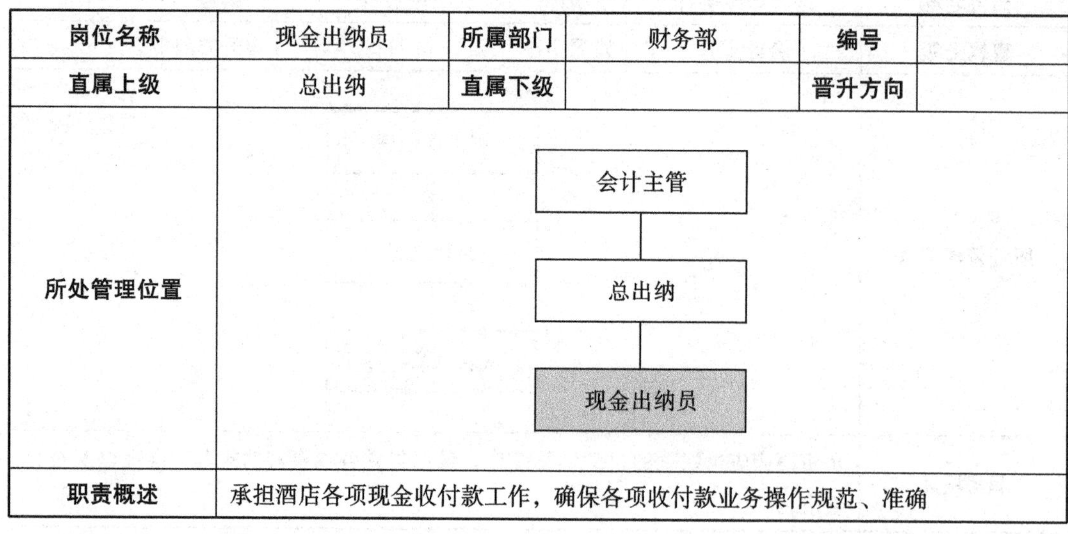

岗位名称	现金出纳员	所属部门	财务部	编号	
直属上级	总出纳	直属下级		晋升方向	
所处管理位置	会计主管 → 总出纳 → 现金出纳员				
职责概述	承担酒店各项现金收付款工作，确保各项收付款业务操作规范、准确				

（续）

职责	职责细分	职责类别
1. 收入审核和现金核对	（1）负责酒店营业收入的现款清点、汇总工作	日常性
	（2）计算、汇集及验收收银员每天的现金收款总金额	日常性
	（3）负责每日现金余额的结算以及余额同库存数的核对工作	日常性
2. 办理现金收付款	（1）根据工资核算表发放员工工资和奖金	日常性
	（2）对手续齐全的付款凭证进行复核后，办理现金付款手续	日常性
	（3）开具酒店各项收付款业务的发票，并对空白发票进行临时保管	周期性
	（4）负责酒店各类费用报销工作，包括医药费用、出差费用以及离职人员工资结算等	日常性
3. 现金管理	（1）负责库存现金的清点	日常性
	（2）负责库存现金的保管	日常性
	（3）参与库存现金的定期盘点工作	周期性
4. 报表、报告编制	（1）编制现金出纳报告	周期性
	（2）编制现金日记账	日常性
5. 其他工作	（1）配合总出纳编制相关报表	日常性
	（2）与银行出纳员协调工作	日常性

十一、银行出纳员岗位职责

岗位名称	银行出纳员	所属部门	财务部	编号	
直属上级	总出纳	直属下级		晋升方向	
所处管理位置	会计主管 ↓ 总出纳 ↓ 银行出纳员				
职责概述	承担酒店银行结算和票据管理工作，确保银行结算业务规范、高效				

（续）

职责	职责细分	职责类别
1. 银行结算和存款余额管理	（1）负责酒店的营业收支和一切往来款项的银行结算业务	日常性
	（2）掌握各开户银行存款余额情况，编制“银行存款余额表”	日常性
	（3）调整银行未达款项，使酒店银行账余额与银行对账单余额保持一致	日常性
2. 银行票据管理	（1）负责银行空白支票管理，按照酒店支票领用规定做好支票的领用记录和核销工作	日常性
	（2）审核支票内容，确保收入支票和付出支票准确无误	日常性
	（3）负责银行信用卡业务的汇总、解交和财务处理工作，加强与银行信用卡部的联系，协调信用卡入账中出现的问题	日常性
	（4）定期编制银行出纳报告	周期性
3. 其他工作	（1）配合总出纳编制“银行余额调节表”	周期性
	（2）按银行规定限额提取库存备用金	周期性
	（3）加强与银行的沟通，与之建立良好的业务关系	日常性

第二节　会计处岗位绩效考核量表

一、会计主管绩效考核量表

序号	考核内容	考核指标及目标值	考核实施	
			考核人	考核结果
1	监督各会计和出纳按照酒店财务制度开展工作	会计和出纳违规操作的次数为0		
		会计核算差错率低于____%		
2	会计报表和会计凭证管理	所属会计报表和会计凭证编制及时率达到100%		
		会计报表和会计凭证数据准确率达到100%		

（续）

序号	考核内容	考核指标及目标值	考核实施	
			考核人	考核结果
3	会计资料和档案管理	会计档案及时归档率达到100%		
		会计档案的完整率达到100%		
4	税金缴纳	税金缴纳出错率为0		
		税金上交及时，无延迟缴纳情况		
5	账目审查	账目审查及时率达到100%		
		无账账不符、账实不符的情况发生		

二、总出纳绩效考核量表

序号	考核内容	考核指标及目标值	考核实施	
			考核人	考核结果
1	备用金、库存现金管理	现金点算准确率达到100%		
		备用金和库存现金管理规范，无违规使用备用金的情况		
2	审核表单票据	审核差错率为0		
		审核及时率达到100%		
3	费用报销管理	费用报销差错率低于____%		
4	编制报表	报表编制及时率达到100%		
		报表编制准确率达到100%		
5	下属员工管理	现金出纳和银行出纳违反酒店规定开展业务的次数为0		

三、总账会计绩效考核量表

序号	考核内容	考核指标及目标值	考核实施	
			考核人	考核结果
1	总账核算	总账核算按时完成率达到100%		
		会计账簿登记与会计凭证相符率达到100%		

（续）

序号	考核内容	考核指标及目标值	考核实施	
			考核人	考核结果
2	编制、审核记账凭证	凭证编制及时率达到100%		
		凭证审核差错率控制在____%以下		
		凭证填写科目使用正确、摘要简明扼要、附件齐全、印章齐全、金额计算准确		
3	编制会计报表	每月____日前提供会计报表		
		会计报表内容完整、数字准确		
4	会计资料和档案管理	会计档案及时归档率达到100%		
		会计档案的完整率达到100%		

四、成本会计绩效考核量表

序号	考核内容	考核指标及目标值	考核实施	
			考核人	考核结果
1	审核原始凭证	在收到相关报表后的____小时内完成审核		
		审核差错率为0		
2	编制记账凭证和明细账	记账凭证和明细账编制及时率为100%		
		记账凭证科目准确、摘要完整、借贷数据填写准确、规范		
		明细账编制科目准确，摘要明确，数据计算准确		
3	编制成本费用报表	成本费用报表编制按时完成率达到100%		
		报表数据准确率达到100%		

五、明细账会计绩效考核量表

序号	考核内容	考核指标及目标值	考核实施	
			考核人	考核结果
1	审核原始单据	审核及时率达到100%		
		漏审、错审的次数为0		
2	编制记账凭证	凭证编制及时率达到100%		
		凭证填写完整、准确、清晰、规范		
		凭证填写内容无错误、无遗漏		
3	编制明细账	明细账编制及时率达到100%		
		明细账反映科目准确、数字准确		
4	编制会计报表	相关报表于每月2日前完成		
		报表内容齐全，无数据、分类错误，领导满意度评价在____分以上		

六、工资核算会计绩效考核量表

序号	考核内容	考核指标及目标值	考核实施	
			考核人	考核结果
1	核发工资	工资核发准确率达到100%		
2	填写工资报表	报表填写及时率达到100%		
		报表数据无错误、无遗漏		
3	编制工资分析报告	工资分析报告编制及时率达到100%		
		报告规范，符合酒店报告要求；内容完整，无错误引用数据的情况		
4	保管工资资料	资料完整率达到100%		
		存档及时率达到100%		

七、应收账款会计绩效考核量表

序号	考核内容	考核指标及目标值	考核实施	
			考核人	考核结果
1	审核原始凭证	审核差错率为0		
		审核按时完成率达到100%		
2	编制记账凭证	凭证和明细账编制及时率为100%		
		凭证填写完整、准确、清晰、规范		
3	登记应收账款明细账	应收账款明细账编制差错率为0		
		明细账反映科目准确，摘要简单明了		

八、应付账款会计绩效考核量表

序号	考核内容	考核指标及目标值	考核实施	
			考核人	考核结果
1	审核原始凭证	审核原始凭证的差错率为0		
		审核按时完成率达到100%		
		应收账会计核算差错率低于____%		
2	编制记账凭证	凭证编制及时率为100%		
		凭证填写完整、准确、清晰、规范		
3	登记应付账款明细账	应收账款明细账编制差错率为0		
		明细账反映科目准确，摘要简单明了		

九、现金出纳员绩效考核量表

序号	考核内容	考核指标及目标值	考核实施	
			考核人	考核结果
1	审核营业收入	营业收入审核及时率达到100%		
		收入审核日清月结，账实相符		
		审核差错率低于____%		

（续）

序号	考核内容	考核指标及目标值	考核实施	
			考核人	考核结果
2	办理现金收付款业务	费用报销原始凭证齐全、手续齐备		
		月收付款差错率不得超过____%		
		会计凭证审核差错率低于____%		
		发票开具差错率低于____%		
		鉴别、拒收假钞率达到100%		
3	现金管理	坐支现金的次数为0		
		无以“白条”抵顶库存现金的情况		
4	编制现金出纳报告	报告、报表编制及时率为100%		
		报告引用数据准确、结论明确		
5	编制现金日记账	账实相符率达到100%		
		摘要清楚、科目准确、数据真实		

十、银行出纳员绩效考核量表

序号	考核内容	考核指标及目标值	考核实施	
			考核人	考核结果
1	银行业务结算	银行业务结算及时率达到100%		
		结算差错率低于____%		
2	银行票据管理	各类票据齐全，相关票据完整率达到100%		
3	编制银行出纳报告	报告、报表编制及时率达到100%		
		报告引用数据准确、结论明确、分析合理		
4	编制银行存款日记账	账实相符率达到100%		
		摘要清楚、科目准确、数据真实		

第三节 会计处工作程序与关键问题

一、总账制作程序与关键问题

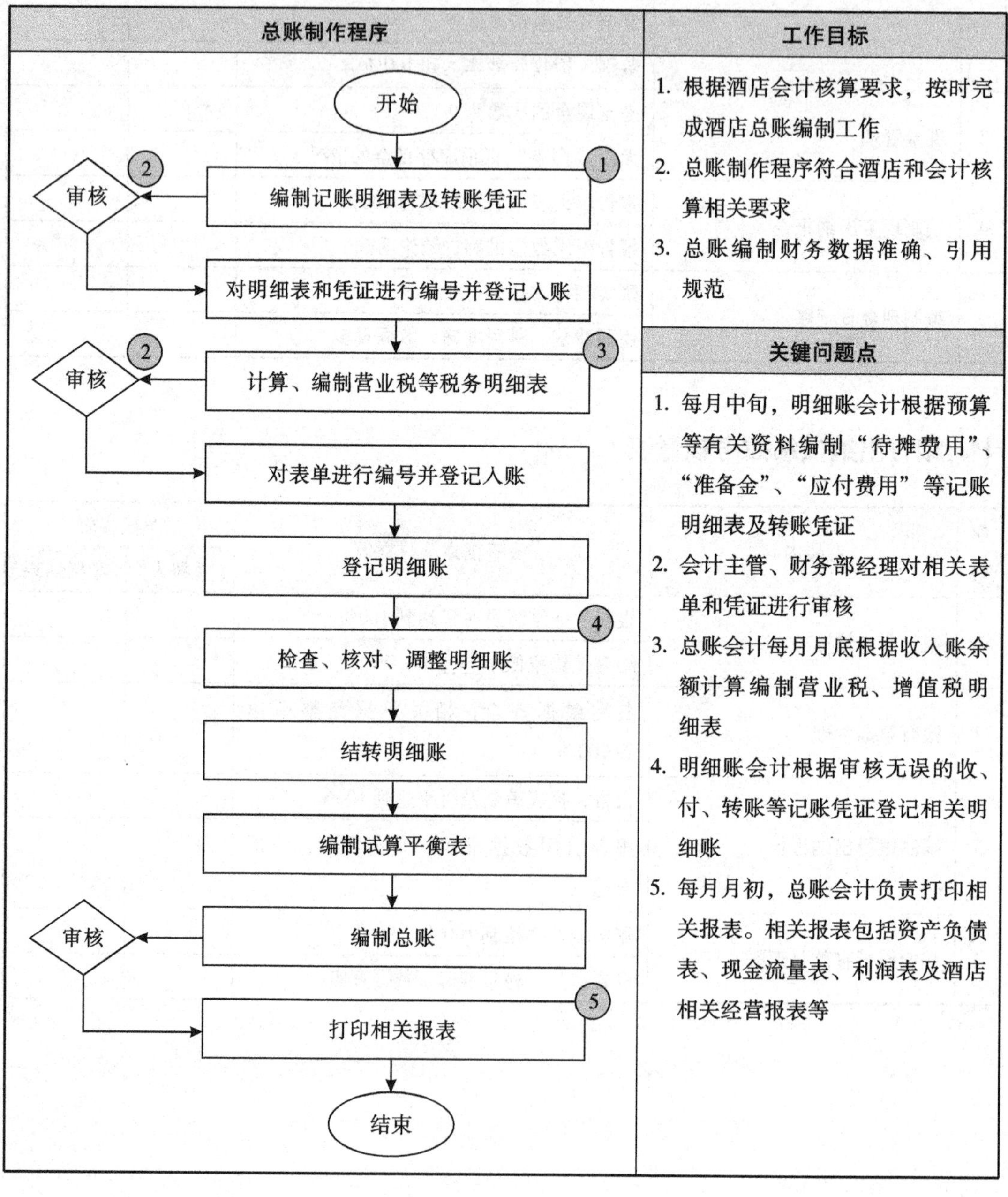

工作目标
1. 根据酒店会计核算要求，按时完成酒店总账编制工作 2. 总账制作程序符合酒店和会计核算相关要求 3. 总账编制财务数据准确、引用规范

关键问题点
1. 每月中旬，明细账会计根据预算等有关资料编制“待摊费用”、“准备金”、“应付费用”等记账明细表及转账凭证 2. 会计主管、财务部经理对相关表单和凭证进行审核 3. 总账会计每月月底根据收入账余额计算编制营业税、增值税明细表 4. 明细账会计根据审核无误的收、付、转账等记账凭证登记相关明细账 5. 每月月初，总账会计负责打印相关报表。相关报表包括资产负债表、现金流量表、利润表及酒店相关经营报表等

二、成本核算程序与关键问题

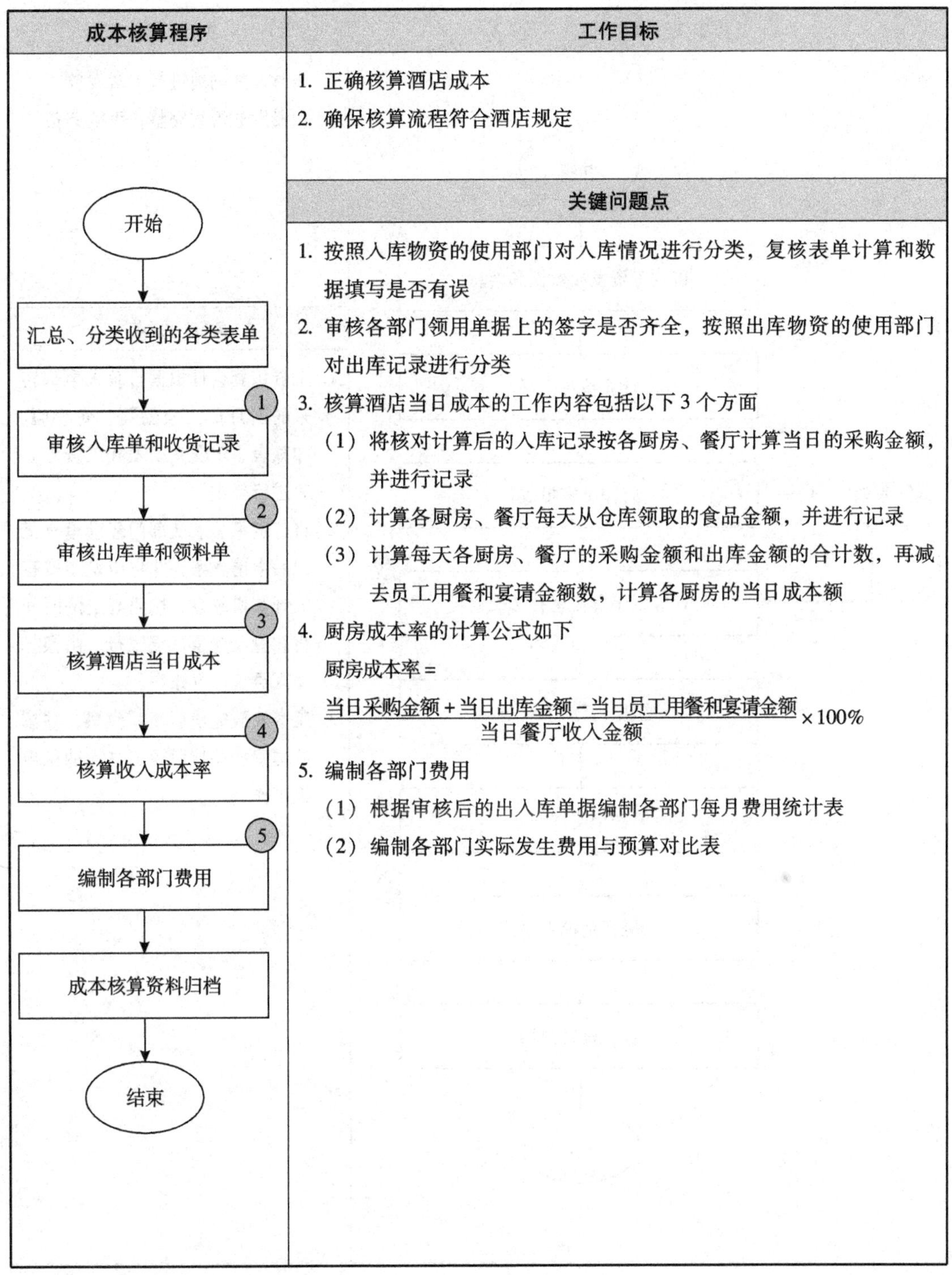

成本核算程序	工作目标
开始 → 汇总、分类收到的各类表单 → ①审核入库单和收货记录 → ②审核出库单和领料单 → ③核算酒店当日成本 → ④核算收入成本率 → ⑤编制各部门费用 → 成本核算资料归档 → 结束	1. 正确核算酒店成本 2. 确保核算流程符合酒店规定

关键问题点

1. 按照入库物资的使用部门对入库情况进行分类，复核表单计算和数据填写是否有误
2. 审核各部门领用单据上的签字是否齐全，按照出库物资的使用部门对出库记录进行分类
3. 核算酒店当日成本的工作内容包括以下 3 个方面
   （1）将核对计算后的入库记录按各厨房、餐厅计算当日的采购金额，并进行记录
   （2）计算各厨房、餐厅每天从仓库领取的食品金额，并进行记录
   （3）计算每天各厨房、餐厅的采购金额和出库金额的合计数，再减去员工用餐和宴请金额数，计算各厨房的当日成本额
4. 厨房成本率的计算公式如下
   厨房成本率＝

$$\frac{当日采购金额+当日出库金额-当日员工用餐和宴请金额}{当日餐厅收入金额}\times 100\%$$

5. 编制各部门费用
   （1）根据审核后的出入库单据编制各部门每月费用统计表
   （2）编制各部门实际发生费用与预算对比表

三、员工工资发放程序与关键问题

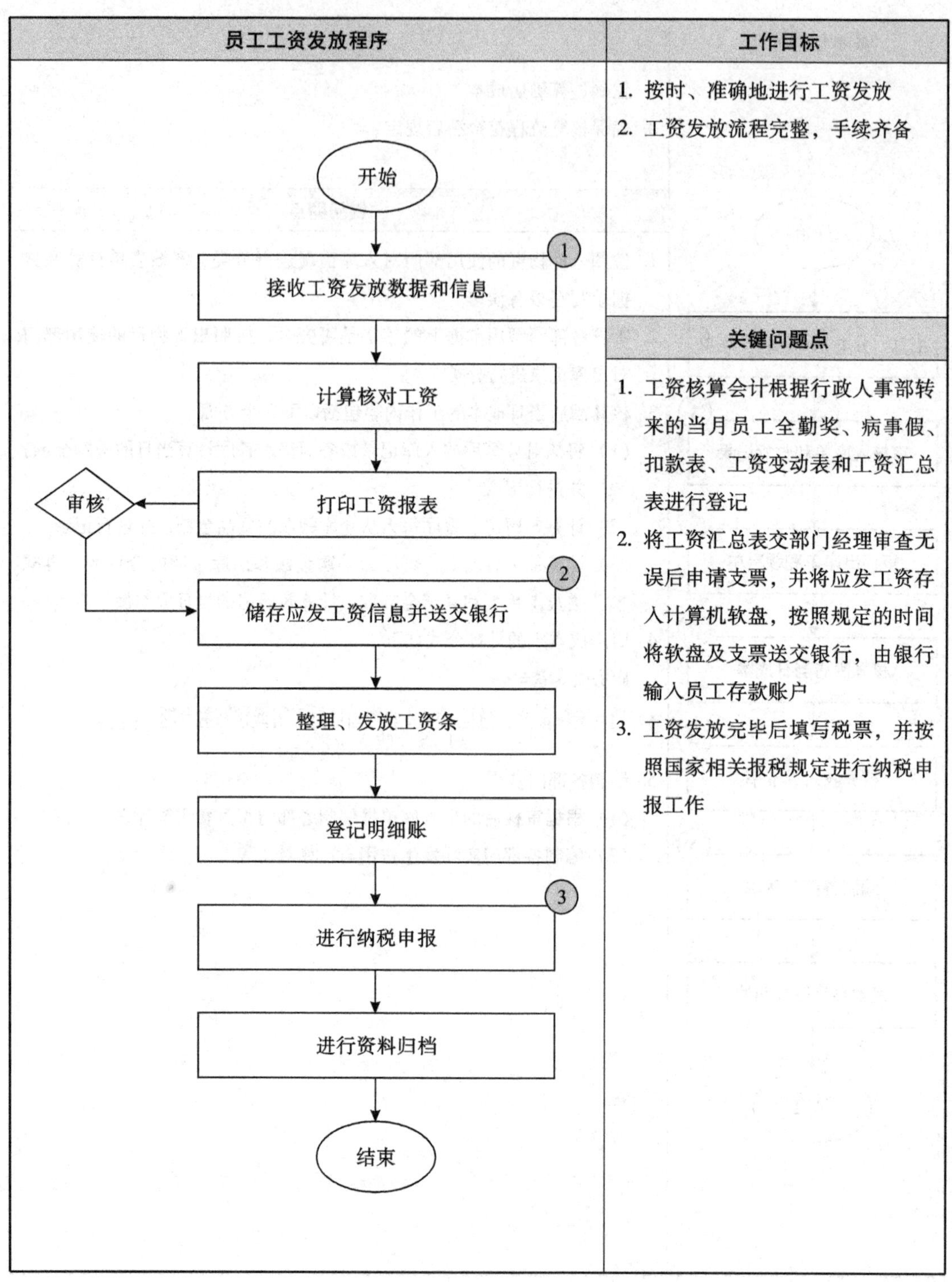

工作目标

1. 按时、准确地进行工资发放
2. 工资发放流程完整，手续齐备

关键问题点

1. 工资核算会计根据行政人事部转来的当月员工全勤奖、病事假、扣款表、工资变动表和工资汇总表进行登记
2. 将工资汇总表交部门经理审查无误后申请支票，并将应发工资存入计算机软盘，按照规定的时间将软盘及支票送交银行，由银行输入员工存款账户
3. 工资发放完毕后填写税票，并按照国家相关报税规定进行纳税申报工作

四、费用报销工作程序与关键问题

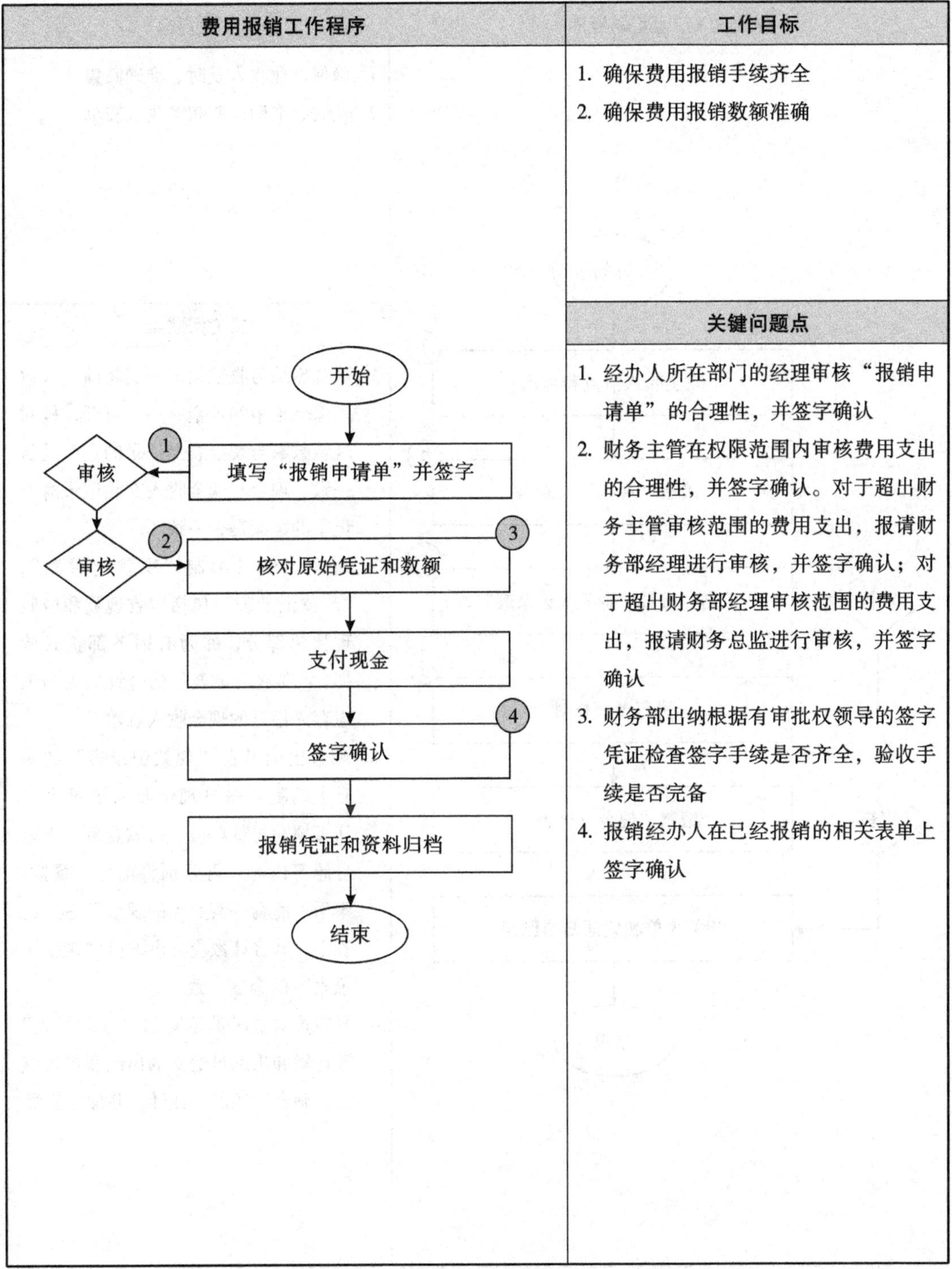

工作目标
1. 确保费用报销手续齐全 2. 确保费用报销数额准确
关键问题点
1. 经办人所在部门的经理审核“报销申请单”的合理性，并签字确认 2. 财务主管在权限范围内审核费用支出的合理性，并签字确认。对于超出财务主管审核范围的费用支出，报请财务部经理进行审核，并签字确认；对于超出财务部经理审核范围的费用支出，报请财务总监进行审核，并签字确认 3. 财务部出纳根据有审批权领导的签字凭证检查签字手续是否齐全，验收手续是否完备 4. 报销经办人在已经报销的相关表单上签字确认

五、营业收入清点汇总程序与关键问题

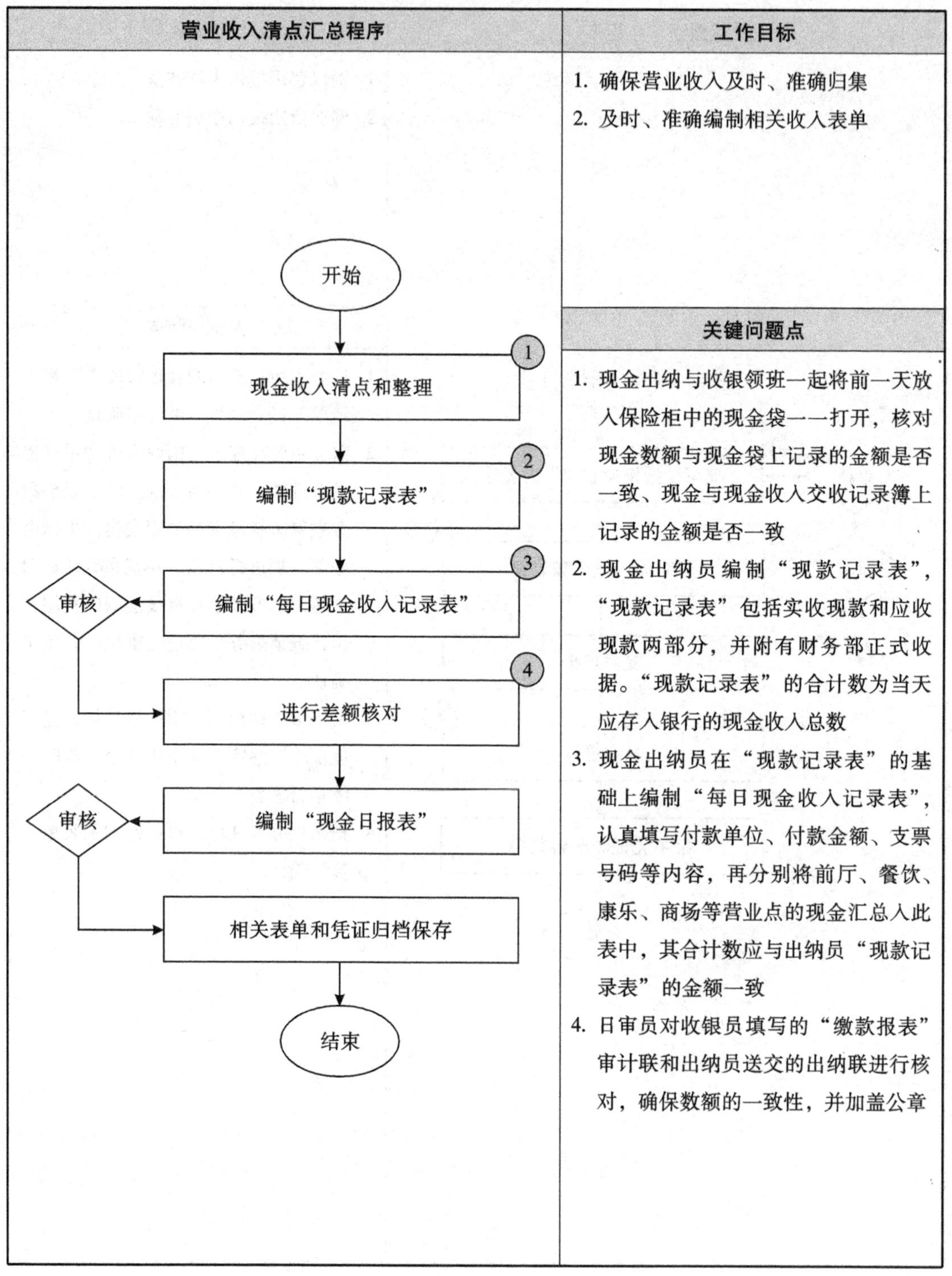

工作目标

1. 确保营业收入及时、准确归集
2. 及时、准确编制相关收入表单

关键问题点

1. 现金出纳与收银领班一起将前一天放入保险柜中的现金袋一一打开，核对现金数额与现金袋上记录的金额是否一致、现金与现金收入交收记录簿上记录的金额是否一致
2. 现金出纳员编制“现款记录表”，“现款记录表”包括实收现款和应收现款两部分，并附有财务部正式收据。“现款记录表”的合计数为当天应存入银行的现金收入总数
3. 现金出纳员在“现款记录表”的基础上编制“每日现金收入记录表”，认真填写付款单位、付款金额、支票号码等内容，再分别将前厅、餐饮、康乐、商场等营业点的现金汇总入此表中，其合计数应与出纳员“现款记录表”的金额一致
4. 日审员对收银员填写的“缴款报表”审计联和出纳员送交的出纳联进行核对，确保数额的一致性，并加盖公章

第四节　会计处服务标准与服务规范

一、收据管理规范

酒店财务部服务标准与服务规范文件		文件编号		版本	
标题	收据管理规范	发放日期			

一、收据领用

（一）收据登记

1. 购入新收据后，票据管理人员需将每本收据的号码一一记录。

2. 票据管理人员需对每本收据的号码进行记录，内容包括：收据号码、购入日期、发放日期、领取人姓名、签章发放人以及旧收据退回日期等。

（二）收据领取

1. 具有收据领取资格的人员包括：总出纳、前厅收银员、商场收银员、餐厅收银员、康乐收银员等。其他人员一律不允许领取收据。

2. 基本领取数是两本，领取人可以根据各自的工作情况增加领取数量。

3. 收据保管员在未收回此前发给相应员工的旧收据时，不得发出新收据。相应地，保管员应记录退回旧收据的日期，并应监督那些已发出相当一段时间但仍未退回换新的收据。

二、收据开出

（一）收据开出原则

1. 各营业点收银员只能对仍在前厅客户分类账上的账目收款开出收据。

2. 总出纳在办公时间内负责开具已被转入后台的账目收款及其他杂项收款的收据。

（二）开具收据注意事项

1. 收据上应明确陈述收款细则。若为外客账收款，账目陈述及相关号码应同相应的数额写在一起。

2. 若为预收定金或预收款，总出纳或前台收银员应立即通知相关部门，包括营销部、前厅部和餐饮部等。

3. 收据包括三联：第一联由酒店财务部保管，第二联由客户保管，第三联为收据开出处自身存根。

三、收据审核

（一）收据审查

1. 在总出纳写好前一天的“总出纳报告”后，应将报告和全部第一联收据送交收入夜审，收入夜审对收据的总数及账目分类进行检查。收入夜审应对每日使用的收据号码进行检查，并核查被取消及未报告的收据。

（续）

<table>
<tr><td colspan="6">2. 应收账款会计对夜审过的“总出纳报告”和收据进行审核并记录，最后打印收款数。
（二）收据保管
1. 总账会计负责对收据进行存档。
2. 总账会计在总分类账上进行相关收据的打印。</td></tr>
<tr><td>签阅栏</td><td></td><td colspan="4">如同意下述两点，请在签阅栏处签字
（1）本人保证严格按此文件要求执行工作
（2）本人有责任在发现问题时，第一时间向本文件审批人提出修改意见</td></tr>
<tr><td>相关说明</td><td colspan="5"></td></tr>
<tr><td>编制人员</td><td></td><td>审核人员</td><td></td><td>审批人员</td><td></td></tr>
<tr><td>编制日期</td><td></td><td>审核日期</td><td></td><td>审批日期</td><td></td></tr>
</table>

二、发票管理规范

<table>
<tr><td colspan="2">酒店财务部服务标准与服务规范文件</td><td>文件编号</td><td></td><td>版本</td><td></td></tr>
<tr><td>标题</td><td>发票管理规范</td><td>发放日期</td><td colspan="3"></td></tr>
<tr><td colspan="6">一、营业发票的购买和发放
（一）发票购买
1. 酒店统一向税务机关购买各类发票。
2. 酒店总出纳凭发票领购簿、规定的文件及财务专用章向税务机关领购发票，并负责发票的发放、使用和收回。
3. 发票拆封、使用前应先点清发票的套数及起止号码，如发现缺漏、错乱和掉页现象应整本退回税务机关。填写发票时，各联必须加盖“发票专用章”。
（二）发票发放
1. 所有发票由总出纳设立登记簿进行记录并控制使用。
2. 各营业点收银领班向总出纳办理加盖财务专用章后的发票。营业点收银员到收银领班处领用和缴销。
3. 各营业点需单独设置发票交班本，详细登记每班发票领取、使用、交接等具体情况。
4. 各营业点收银员需每班填制“发票销存登记表”，反映每班发票的金额及库存等情况。
二、营业发票的使用及审核
（一）发票使用
1. 各经营部门只有在经济活动已经发生且收银员已经收取款项时，才能提供税务发票。如没有发生经营活动，原则上不能对外提供发票。</td></tr>
</table>

（续）

2. 对于已发生经营活动，但要求多开发票的情况，收银员应先请示部门经理，得到同意后方可办理。

（1）客房部。住宿客人要求多开发票时，原则上不得多开。若金额达到____元，可由财务部经理签字确认，按____%代扣税金。

（2）餐饮部。客人消费结账多要定额发票时，原则上不得提供。若金额较少，少于____元时，可由财务部经理签字确认，并按____%代扣税金。

（3）对于没有消费的客人要求虚开发票的情况不予支持。

3. 酒店各经营部门必须按顺序号填开发票，采用双面复写纸填写，不得跳格、撕开分用，严禁弄虚作假、丢失发票，不得涂改、挖补或撕毁发票。

4. 如发票开具后发现错误，要在发票联加盖“作废”章并整份保存。已整本填开的发票必须及时收回保管。

5. 如发现遗失发票或违反发票管理行为的情况，要及时报告酒店财务部及税务机关，以便及时处理，免遭损失。

6. 发票不得转借、转让，不得为其他单位或个人代开，仅限经营业务收取款项使用。

7. 任何情况不得携带或以任何方法将空白发票带离酒店。

（二）发票填写

1. 手工填写发票必须使用圆珠笔。

2. 开具发票应当按照实际金额的时限、顺序，逐栏、全部联次一次性如实开具，手工填制的发票应注明抬头、收费内容、金额、时间、发票开具人，并加盖单位发票专用章。

3. 填写发票时，客户名称必须写全称，不能简写。

4. 填写开票日期时，所填日期必须是经济业务发生的实际日期，不能提前或错后。

5. 填写收入（收费）项目时，必须按照实际消费情况及项目如实开具相应金额及种类的发票，不得多开、乱开发票，并在相应的账单或消费单据上加盖“发票已开”章。

6. 填写规格、计量单位、数量、单价时，必须按实际或标准填写。

7. 金额填写

（1）大小写金额数字的填写要规范，必须有大小写金额，二者缺一不可。

（2）大小写金额前的空白处加“¥”表示起点，其后的空白项填“零”或“0”，不能留白。

（3）大写金额有角、分的，元以下不写“整”字；阿拉伯数字不能连笔写，要逐个填写，在数字的前一位填写人民币小写符号“¥”。

（4）大写金额前应写“人民币”三个字，大写金额数字应该紧挨着“人民币”三个字书写。

8. 发票摘要如实填写，要求内容简单明了，字迹端正清楚。同时，应注意不能随意简化汉字，也不能用别字代替。

（三）发票使用审核

1. 各营业点收银领班须按照本规范的各项规定，监督和指导各收银点收银员的发票使用和缴销工作。如发现问题，应及时通知出纳人员，并向收银主管和会计主管汇报。

（续）

<table>
<tr><td colspan="6">2. 财务部经理和会计处主管必须定期检查发票的管理和使用情况，监督和责成总出纳、收银主管完善工作，防止可能出现的疏漏。
三、营业发票的保管
1. 发票存根联由收银领班集中后统一交至财务部核单员处。
2. 核单员把收集到的存根联按顺序装箱保管。
3. 酒店不得擅自损毁发票，必须按照税务机关的规定存放和保管发票。
4. 已开具的发票存根联和发票登记簿应当保存 5 年。保存期满，报经税务机关核查后销毁。
四、采购发票的管理
（一）发票索取
1. 购买食品原材料、办公用品和其他付款事项时，应向收款方索取发票。该发票必须具有税务机关规定的全国统一发票监制章，由收款方加盖财务专用章或发票专用章，且经开票人签字方为有效。
2. 不符合规定的发票，不得作为报销凭证。
3. 所收发票金额应与交易事项的金额相符。在正常情况下，发票抬头应为酒店名称。如有特殊情况，应开具报告说明，并经财务总监批准后方可报销。
4. 发票中的商品或服务内容应与交易事项相符，不得串通开票单位弄虚作假，以相同金额发票充额顶替。
（二）发票核销
财务部出纳应根据交来的发票核销各项报销事项，除按报销制度和其他有关规定办理的定额包干事项外，所有报销事项均按有效发票办理报销事务。</td></tr>
<tr><td>签阅栏</td><td></td><td colspan="4">如同意下述两点，请在签阅栏处签字
（1）本人保证严格按此文件要求执行工作
（2）本人有责任在发现问题时，第一时间向本文件审批人提出修改意见</td></tr>
<tr><td>相关说明</td><td colspan="5"></td></tr>
<tr><td>编制人员</td><td></td><td>审核人员</td><td></td><td>审批人员</td><td></td></tr>
<tr><td>编制日期</td><td></td><td>审核日期</td><td></td><td>审批日期</td><td></td></tr>
</table>

三、支票管理规范

<table>
<tr><td colspan="2">酒店财务部服务标准与服务规范文件</td><td>文件编号</td><td></td><td>版本</td><td></td></tr>
<tr><td>标题</td><td>支票管理规范</td><td>发放日期</td><td colspan="3"></td></tr>
<tr><td colspan="6">1. 支票提取
（1）银行出纳提取银行账户款项须由总经理（或其代表）和另一位经授权人员盖章，并加盖酒店的财务专用章。
（2）支票由总出纳凭留存银行印鉴从银行领出后，由总出纳设本登记保管，并凭经有效批准的付款要求通知单填写支票。如与本项规定不符，不予填写支票。
（3）财务专用章由财务部经理保管，支票由总出纳保管。如不具备经财务总监批准的有效支取凭证，不得填制任何支票。
2. 支票使用审批流程
（1）付款要求人按要求填写“付款要求通知单”，内容包括：收款单位或收款人名称、大小写金额、付款方式及要求付款原因等。
（2）“付款要求通知单”经部门经理核实加签后，连同有关凭据送会计主管进行财务审核。
（3）通过财务审核的“付款要求通知单”由会计主管送财务总监和总经理批准，并转总出纳填写支票。对不符合财务审核要求和未获批准的“付款要求通知单”，在注明理由后退回原提出付款要求的部门。
（4）总出纳须严格按要求保管和开具支票，对未经批准的付款要求不得开具支票。
（5）开具的支票必须写明收款人或收款单位的名称、金额、日期和用途。
（6）不得使用空白支票，或将空白支票带离酒店。
3. 支票使用要求
（1）支票必须使用墨汁或碳素墨水填写金额、用途和收款人，不得涂改。如其他事项有变更，必须加盖与留存银行印鉴一致的印鉴。
（2）因故取消或作废的支票必须注明原因，并在票面显眼处用大号字标上“作废”字样。作废的支票除按上述规定标注外，应与同号存根一并钉存备查。
（3）支票在使用前应按银行原钉装保存，不得折本使用。支票页在使用前必须与存根联保持原状，不得撕离。
（4）支票必须按从银行领出的先后次序顺号使用，不得跳页、跨页使用。
（5）支票本存根上的各项数据应与开具的支票一致，各栏数据必须如实填写，不得留空。
4. 支票使用特殊情况处理
如因业务关系，不能确定实际金额的情况，允许在填写收款人及用途后开具限额支票。对于按本项规定开具的支票，支票领用人必须在一个工作日内将使用情况报回总出纳，办理财务手续。
5. 已经整本使用的支票本存根必须按票号和日期封存保管备查，并按有关制度的规定期限保存。</td></tr>
</table>

（续）

<table>
<tr><td colspan="6">6. 酒店对支票的使用除须符合本管理办法的各项规定外，还应遵守开户银行对支票使用的各项要求和有关规则。
7. 本规范内容如有与相关财务管理条款不一致之处，应报财务部经理审核，并于修订当月报回酒店备查。</td></tr>
<tr><td>签阅栏</td><td></td><td colspan="4">如同意下述两点，请在签阅栏处签字
（1）本人保证严格按此文件要求执行工作
（2）本人有责任在发现问题时，第一时间向本文件审批人提出修改意见</td></tr>
<tr><td>相关说明</td><td colspan="5"></td></tr>
<tr><td>编制人员</td><td></td><td>审核人员</td><td></td><td>审批人员</td><td></td></tr>
<tr><td>编制日期</td><td></td><td>审核日期</td><td></td><td>审批日期</td><td></td></tr>
</table>

四、成本核算工作规范

<table>
<tr><td colspan="3">酒店财务部服务标准与服务规范文件</td><td>文件编号</td><td></td><td>版本</td><td></td></tr>
<tr><td>标题</td><td colspan="2">成本核算工作规范</td><td>发放日期</td><td colspan="3"></td></tr>
<tr><td colspan="7">1. 营业成本计算应根据每项业务活动所发生的直接费用，如材料、物料、购进时的包装费、运杂费、税金等在该原料、物料的进价中加计成本。
2. 客房部设备的损耗，如客用零备品消耗等应作为直接成本。
3. 车辆折旧、燃油耗用、养路费、过桥费可作为成本核算。
4. 餐厅的产品成本还应包括加工和制造各种食品、产品时预计出现的损耗量价值。
5. 对运动场所购进准备出售的商品所支付的运杂费和包装费均应在费用项目列支，不得摊入成本。
6. 各业务部门在经营活动中所耗用的水、电、气、热能以及员工的工资、福利费应作为营业费用处理。
7. 固定资产购入验收后直拨入使用部门，并填制固定资产管理卡片，不需要填写入库单。
8. 保管员要对入库物品的保质期、外观质量进行监督，如发现问题则不得办理入库手续。</td></tr>
<tr><td>签阅栏</td><td></td><td colspan="5">如同意下述两点，请在签阅栏处签字
（1）本人保证严格按此文件要求执行工作
（2）本人有责任在发现问题时，第一时间向本文件审批人提出修改意见</td></tr>
<tr><td>相关说明</td><td colspan="6"></td></tr>
<tr><td>编制人员</td><td></td><td>审核人员</td><td></td><td>审批人员</td><td colspan="2"></td></tr>
<tr><td>编制日期</td><td></td><td>审核日期</td><td></td><td>审批日期</td><td colspan="2"></td></tr>
</table>

五、会计核算工作规范

<table>
<tr><td colspan="2">酒店财务部服务标准与服务规范文件</td><td>文件编号</td><td></td><td>版本</td><td></td></tr>
<tr><td>标题</td><td>会计核算工作规范</td><td>发放日期</td><td colspan="3"></td></tr>
<tr><td colspan="6">1. 本酒店采用借贷复式记账法进行记账和核算。
2. 会计核算年度为每年公历 1 月 1 日起至 12 月 31 日止。
3. 记账用的货币单位为人民币，凭证、账簿、报表均用中文进行登记。
4. 所有收入与费用的计算须相互配合，并在同一时期登记入账，不得脱节、提前或推后。
5. 根据权责发生制的原则记账。即不论款项是否收付，只要是本期已经实现的收益和付出的费用，都应作为本期的收益与费用入账。
6. 会计凭证、账簿、报表等各种会计记录都必须根据实际发生的经济业务进行登记，做到手续齐备、内容完整、准确及时。
7. 保持会计处理方法前后各期的一致性，不得随意改变。特殊情况下确需改变的，须报经领导批准。
8. 建立内部稽核制度。对款项的支付、财产物资的收发保管、债权债务的发生、清算各项经济业务都要有明确的经济责任及合法的凭证，并经授权人员审核签证。
9. 会计核算的具体要求
（1）会计核算的原始凭证、记账凭证应规范。
（2）会计账簿记录应完整、清晰、账账相符。
（3）票据、单据印刷应规范，管理应严格。
（4）会计核算内容须全面，数据应真实可靠。
（5）会计报表、统计报表数据出处须一致，且及时准确。
（6）各类税金、费用的计提须正确、手续齐备，且上缴及时。</td></tr>
</table>

<table>
<tr><td>签阅栏</td><td></td><td colspan="4">如同意下述两点，请在签阅栏处签字
（1）本人保证严格按此文件要求执行工作
（2）本人有责任在发现问题时，第一时间向本文件审批人提出修改意见</td></tr>
<tr><td>相关说明</td><td colspan="5"></td></tr>
<tr><td>编制人员</td><td></td><td>审核人员</td><td></td><td>审批人员</td><td></td></tr>
<tr><td>编制日期</td><td></td><td>审核日期</td><td></td><td>审批日期</td><td></td></tr>
</table>

六、会计档案管理规范

酒店财务部服务标准与服务规范文件		文件编号		版本	
标题	会计档案管理规范	发放日期			

一、目的

为了加强会计档案的科学管理，确保会计档案的妥善保管、有序存放、方便查阅，严防毁损、散失和泄密，更好地为酒店经营管理服务，特根据财政部、国家档案局颁布的《会计档案管理办法》，特制定本规范。

二、会计档案的构成

（一）会计档案的定义

会计档案是指会计凭证、会计账簿、财务报告和其他会计工作资料。它是记录和反映经济业务的重要资料和依据。

（二）会计档案的内容

1. 会计凭证类：原始凭证、记账凭证、汇总凭证、其他会计凭证。

2. 会计账簿类：总账、明细账、日记账、固定资产卡片、辅助账簿、其他会计账簿。

3. 财务报告类：月度、季度、年度财务报告，包括会计报表、附表、附注、文字说明，以及其他财务报告。

4. 其他类：银行存款余额调节表、银行对账单、其他应当保存的会计核算专业资料、会计档案移交清册、会计档案保管清册、会计档案销毁清册。

（三）会计档案的管理要求

1. 建档及时、存放有序、查找方便、保管妥善。

2. 落实安全、保密规定，不随意堆放会计档案，严防毁损、散失和泄密。

三、会计档案的立卷和归档

（一）会计凭证的立卷和归档

会计档案应当由会计机构按照归档要求，负责整理立卷、装订成册，并编制会计档案保管清册。

1. 月末结账后，会计档案管理人员应将当月的会计凭证连同所附原始凭证进行顺序整理且分册装订，并将当月汇总凭证放在当月第 1 号记账凭证之前，加具封面，填写凭证所属时间、本月总册数及本册序号、本册凭证连续编号起止号码、会计主管、会计、打印人、装订人等。

2. 装订好的账册应装入会计专用凭证盒。凭证盒应注明单位、凭证名称、启用日期、册数、凭证号数、财务主管、经办会计等信息。

3. 当月凭证装订整理完毕，经稽核人员检查无误后，放入会计档案专用文件柜保存，同时在会计档案保管清册中进行登记。

（二）会计账簿的立卷和归档

1. 会计账簿包括：总账、明细账、日记账、固定资产卡片、辅助账簿等。

（续）

2. 年度终了结账后，会计档案管理人员应将本年度有关账簿编号归档，进行登记造册。对活页应进行编码分册，并在每册账启用页后编科目目录。

（三）会计报表的立卷和归档

1. 会计报表包括：主要财务指标快报、月度季度财务报告和年度财务决算报告等。

2. 会计报表装订。月末，各项会计专用报表应统一装订，加具封面。封面应注明单位名称、报表所属时间，并由单位负责人及财务负责人签字。向外报送的报表应注明报送日期。

3. 会计报表的登记建档

（1）会计报表应放入会计报表专用档案中，同时在会计档案清册中登记。

（2）酒店年度决算报表要与月报、季报分别建档。

（3）年度决算报表应同酒店的财务状况说明书、报表编制说明、审计事务所出具的年度审计报告或上级单位的决算批复一起归档，每年一卷。

（四）其他会计档案的立卷和归档

1. 其他会计档案包括："会计移交清册"、"会计档案保管清册"、"会计档案销毁清册"、"银行余额调节表"、"银行对账单"等。

2. 归档要求。会计档案清册是分别记录会计凭证、会计账簿、会计报表等立卷、归档情况的详细资料，清册应定期登记与核对，以免会计档案资料丢失。"银行余额调节表"及"银行对账单"应分别按月归档。

四、会计档案的查阅

（一）会计档案的调阅

1. 酒店内部根据业务开展需要可查阅会计档案。会计档案查阅须经财务部会计主管同意，由会计档案保管人员进行登记。查阅后及时将会计档案归档。

2. 外单位查阅会计档案需凭查阅单位介绍信，在明确查阅范围且经财务部经理批准后，凭有效证件进行登记方可办理查阅手续。

3. 查阅会计档案必须由保管人员陪同。查阅后的会计档案需保持原样，不得拆抽涂改。如需复印，须经财务部经理同意。

（二）会计档案的借出

会计档案原则上不允许借出。如有特殊需要，须提出书面申请经酒店财务总监批准后方可借出。借阅人应按时归还借出档案。

五、会计档案的保管

（一）会计档案的暂时保管

1. 会计档案日常应由财务部指定专门人员进行保管。

2. 当年会计档案在会计年度终了后，可暂由本酒店财务部保管 1 年。

（续）

3. 会计档案的保管期限应从会计年度终了后的第一天算起。期满之后，原则上应由财务部门编造清册，并移交本单位的档案管理部门。移交清册时应将移交内容填列完整，并由移交人、接受人及监交人签字确认。

4. 财务部必须按期将应当归档的会计档案全部移交档案部门，不得自行封包保存。

（二）会计档案的移交

1. 档案部门接受保管的会计档案应保持原卷册的封装形式。如个别需要拆封重新整理的，应当会同原财务会计部门经办人共同进行。

2. 档案部门对违反会计档案管理规定的行为，有权进行检查纠正。情节严重的，应当报告酒店领导或财政、审计机关进行处理。

3. 撤销、合并和建设单位完工后的会计档案，应随同单位的全部会计档案一并移交给指定单位，并按规定办理交接手续。

六、会计档案的销毁

（一）销毁程序

保管期满的会计档案可以进行销毁，销毁流程如下。

1. 由档案机构会同会计机构提出销毁意见。

2. 酒店总经理在“会计档案销毁清册”上签署意见。

3. 销毁会计档案时，应当由档案机构和会计机构共同派员监销。

4. 监销人在销毁会计档案前，应当按照“会计档案销毁清册”所列内容清点、核对所要销毁的会计档案。销毁后，应当在“会计档案销毁清册”上签名盖章，并将监销情况报告酒店总经理。

5. 保管期满但未结清的债权债务原始凭证和涉及其他未了事项的原始凭证不得销毁，应当单独抽出立卷，保管至未了事项完结为止。单独抽出立卷的会计档案应当在“会计档案销毁清册”和“会计档案保管清册”中列明。

（二）销毁文件整理

1. 对于会计档案的销毁应编制“会计档案销毁清册”，对会计档案的销毁情况进行记录。

2. “会计档案销毁清册”的内容包括：已销毁会计档案的名称、卷号、册数、起止年度和档案编号、应保管期限、已保管期限、销毁时间等。

签阅栏		如同意下述两点，请在签阅栏处签字 （1）本人保证严格按此文件要求执行工作 （2）本人有责任在发现问题时，第一时间向本文件审批人提出修改意见			
相关说明					
编制人员		审核人员		审批人员	
编制日期		审核日期		审批日期	

七、应收账款管理规范

<table>
<tr><td colspan="2">酒店财务部服务标准与服务规范文件</td><td>文件编号</td><td></td><td>版本</td><td></td></tr>
<tr><td>标题</td><td>应收账款管理规范</td><td>发放日期</td><td colspan="3"></td></tr>
<tr><td colspan="6">1. 应收账款的含义和构成
（1）应收款项是指酒店在生产经营过程中形成的各种应收和预付款。
（2）应收账款的范围包括：应收票据、应收账款、预付账款和其他应收款。
2. 酒店一般采用现金结算方式来避免应收款的发生。如遇特殊情况需赊销的，应严格按照酒店审批程序和权限进行，并根据购贷方信用确定其赊销的限额和期限。
3. 酒店对业务经营过程中形成的各种应收款应积极催收，贯彻“谁经办、谁追款，谁审批、谁负责”的原则，保证应收款项顺利收回，做好资金回笼。
4. 如出现未经批准擅自给客户赊销而造成损失的情况，应追究责任人责任。
5. 只有部门经理以上的人员才能担保挂账，且需担保人在单据上亲笔签字。
6. 担保人应负责在一个月内对自己担保的挂账进行催收结清。财务人员予以配合。
7. 收银员根据挂账协议对账务作相应处理。催收到账的款项应及时交给财务，不得坐支或挪用。</td></tr>
</table>

<table>
<tr><td>签阅栏</td><td></td><td colspan="4">如同意下述两点，请在签阅栏处签字
（1）本人保证严格按此文件要求执行工作
（2）本人有责任在发现问题时，第一时间向本文件审批人提出修改意见</td></tr>
<tr><td>相关说明</td><td colspan="5"></td></tr>
<tr><td>编制人员</td><td></td><td>审核人员</td><td></td><td>审批人员</td><td></td></tr>
<tr><td>编制日期</td><td></td><td>审核日期</td><td></td><td>审批日期</td><td></td></tr>
</table>

第五节 会计处服务常用文书与表单

一、支票申请单

借款日期：____年____月____日

部门		领用人		金额	
用途概述					
账户名称		支票号码		报销日期	

批准人： 审核： 经手人：

说明：本表单一式两联，第一联记账，第二联报销后退还。

二、总出纳报告

日期：____年____月____日

收银点	姓名	现金	信用卡	支票	其他	备注
前厅						
前厅小计						
餐厅						
餐厅小计						
商场						
商场小计						

（续）

收银点	姓名	现金	信用卡	支票	其他	备注
康乐						
康乐小计						
总计						
备注						
当日存入银行合计						

制表人：　　　　　　　　总出纳：　　　　　　　　复核：　　　　　　日审：

三、现金日记账

年		凭证		摘要	对应科目	收入	支出	结余
月	日	种类	号数					

四、现金收入日报表

日期：____年____月____日

营业点	班次	收银员	袋数	现金	支票	信用卡	备注
总计（人民币，大写）							

监收人：　　　　　　　　　　　　　　收银主管：

说明：本表一式两联，第一联交财务部经理审核，第二联留存本处。

五、转账支票领用单

日期：____年____月____日

领用部门		领用人		部门经理	
收款单位				支票号码	
用途					
金额	（大写） 万 仟 佰 拾 元 角 分				
审批				财务经办人	

注：转账支票领用后，领用人应尽快办妥核销手续。

六、现金支取申请单

借款日期：____年____月____日

部门		领款人	
用途			
金额	人民币（大写）		
上述款项于____年____月____日全部结清，报销数为____元，退还数为____元，补付数为____元			

批准人： 财务部经理： 经手人：

说明：本表一式三联，第一联记账，第二联还款，第三联退还本人，各联以颜色区分。

七、银行存款日记账

年		凭证		摘要	对应科目	收入	支出	结余
月	日	种类	号数					

八、发票领用记录表

发票种类：

日期（年月日）	发票名称	领用部门	领用数		领票人签章	经手人签章	存根回收记录
			本数	起讫号码			

九、应收账款账龄分析表

日期：____年____月____日　　　　单位：元

欠账情况 / 客户名称	欠账比例	坏账准备	欠账时间					金额合计	备注
			本月	2～3月	4～6月	7～12月	1年以上		
合计									

审核：　　　　　　　　　　　　　　应收账款会计：

说明：本表一式四联，应收账款会计、前厅收银台、财务部、前厅部各留一联。

第六节　会计处服务质量提升方案

一、签字挂账实施方案

标题	签字挂账实施方案		文件编号		版本	
执行部门		监督部门		考证部门		
1. 签订签字挂账协议 所有客户若需在酒店办理签字挂账业务，均需同酒店签订消费挂账协议。 （1）酒店信贷收款员对客户资质和信用进行调查，并编制调查报告。						

（续）

<table>
<tr><td colspan="2">（2）酒店会计主管、收银主管对客户资质和信用进行复核，将调查报告送财务部经理审核后，再送酒店总经理审批。
（3）审批通过后，财务部经理代表酒店同客户签订消费挂账协议。
（4）酒店在签订消费挂账协议时，需预留签字人的签字字样，同时应由双方单位盖章及法定代表人签字，并对客户与酒店双方的权利和义务作出明确规定。
2. 签字挂账实施规定
（1）对于已同酒店签订消费挂账协议的小型企业和新办企业，为了防范风险，必须进行月度结算，若出现月度结账延后或拒结的情况，应立即停止消费挂账业务。
（2）酒店原则上不允许个人签字挂账。如遇特殊情况需临时挂账的，须由部门经理以上管理人员同意并签字担保才能挂账。挂账总额不超过____千元，并由担保人负责回收。
（3）对于已决定停止签字挂账业务的客户，会计主管当天以书面形式将拟停止挂账的单位上报财务部经理审批。
（4）财务部及时将停止签字挂账单位的名单通知各营业点收银处。
3. 签字挂账奖惩
（1）对未经主管领导审批私自签订消费挂账协议的部门和人员，除要给予相应的经济处罚外，还要给予记过以上处分。
（2）对已停止签字挂账消费的客户又发生签字挂账的情况，应追究财务部收银处的责任，给予记过以上处分，并责令其承担由此造成的所有经济损失。</td></tr>
<tr><td>相关说明</td><td></td></tr>
</table>

二、酒店呆、坏账处理方案

<table>
<tr><td>标题</td><td colspan="3">酒店呆、坏账处理方案</td><td>文件编号</td><td></td><td>版本</td><td></td></tr>
<tr><td>执行部门</td><td></td><td>监督部门</td><td colspan="2"></td><td>考证部门</td><td colspan="2"></td></tr>
<tr><td colspan="8">1. 当一笔欠账的欠账期超过____天，经财务部多次发出追收信后，客人仍未作出任何回复或支付的意向时，将此笔账款列为“呆账”处理。
2. 酒店将把列为“呆账”的客账交由专门的收账公司进行追收。
3. 经收账公司追讨无效，酒店将视具体情况对部分长期拖欠款项且无诚意还款的客人诉诸法律途径。
4. 当一笔欠账超过____天且经过酒店多方努力仍无法收取时，财务部将向财务总监建议给予注销，同时将所做过的追讨努力及欠账详情进行书面报告。
5. 经列入“呆账”处理的欠账客人将被编入黑名单档案内。财务部将根据从酒店同业获得的信贷资料，对曾在本酒店或其他酒店走单、拖欠账款、偿还能力差、记录不良的客人定期编制黑名单档案，并发给酒店前厅部、营销部及其他相关部门。</td></tr>
</table>

（续）

<table>
<tr><td colspan="2">6. 被编入黑名单的客人将无权享受酒店的信贷设施，如入住酒店均须预付全部房租，使用酒店服务设施时必须以现金进行结算。
7. 呆、坏账日常管理
（1）每月月末，应收账款会计将客户欠账按其拖欠时间长短编制“应收账款账龄分析表”，将每笔款项分别填入表中的时间栏目内，并将超过一个月的欠账的催付情况反映在备注栏内。
（2）对确实不能收回的每一笔坏账编制“坏账注销报告”，详细写明账款发生的日期、数额、追催的次数、追催的具体情况、不能收回的原因以及认定坏账的依据等。
（3）财务部经理负责审核“坏账注销报告”，签署处理意见，并报总经理审批。</td></tr>
<tr><td>相关说明</td><td></td></tr>
</table>

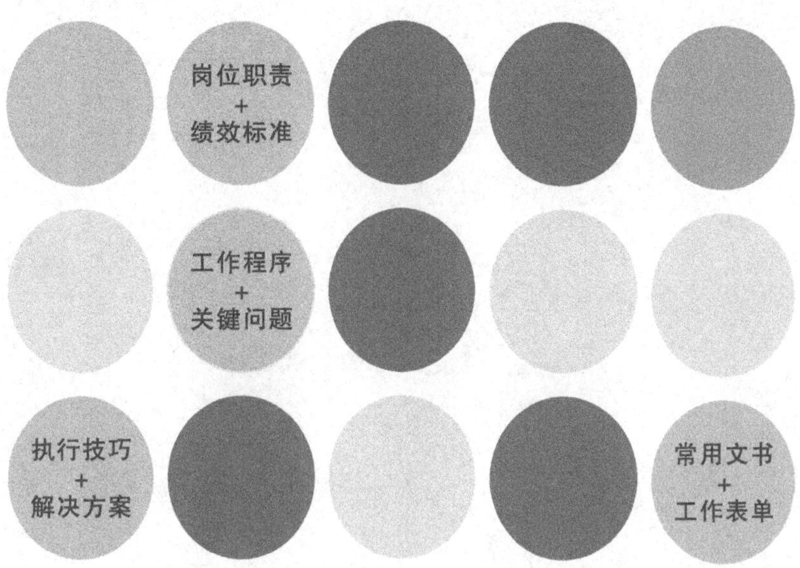

第四章

稽核处精细化管理

第一节 稽核处岗位描述

一、稽核处岗位设置

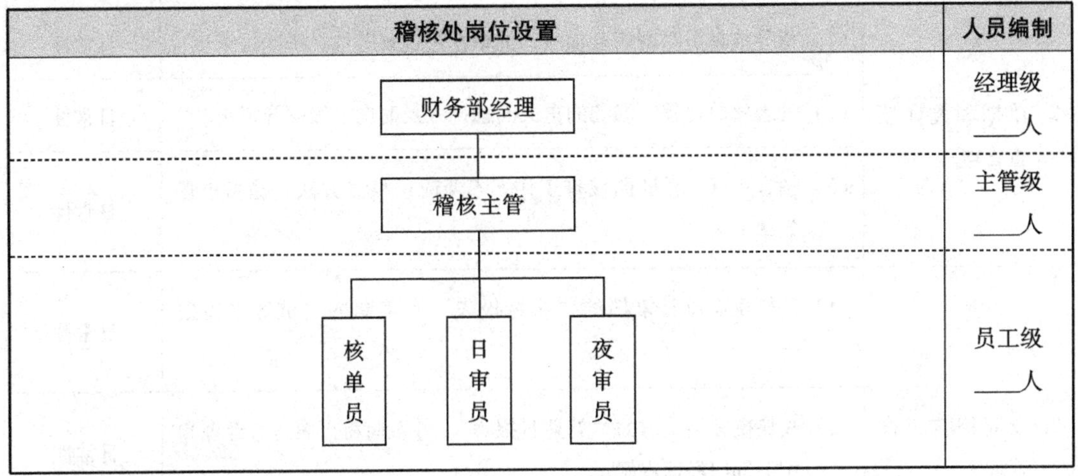

稽核处岗位设置	人员编制
财务部经理	经理级 ____人
稽核主管	主管级 ____人
核单员　日审员　夜审员	员工级 ____人

二、稽核主管岗位职责

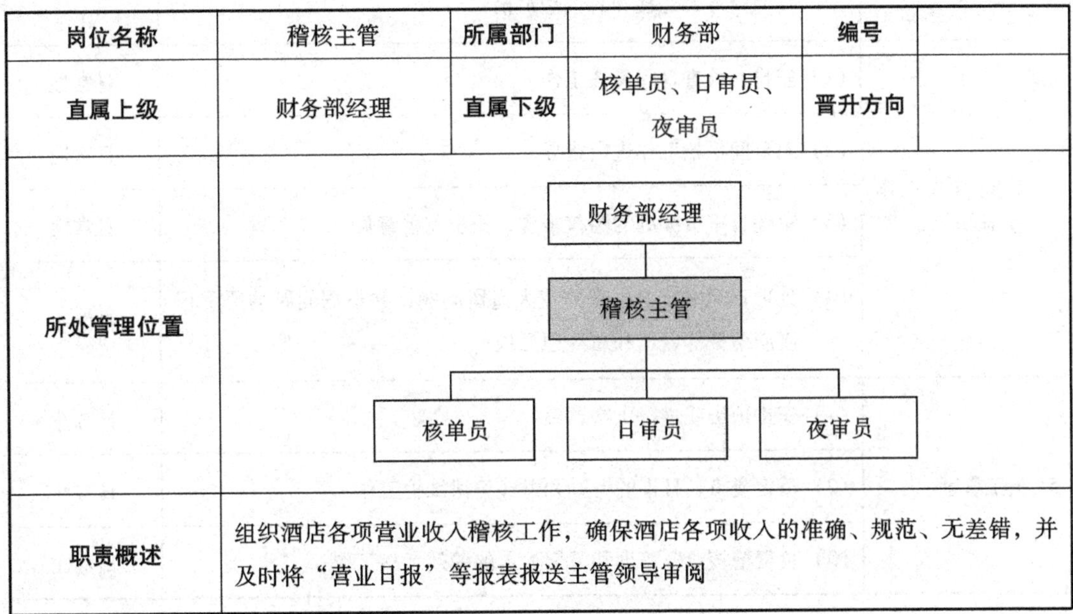

岗位名称	稽核主管	所属部门	财务部	编号	
直属上级	财务部经理	直属下级	核单员、日审员、夜审员	晋升方向	
所处管理位置	财务部经理 稽核主管 核单员　日审员　夜审员				
职责概述	组织酒店各项营业收入稽核工作，确保酒店各项收入的准确、规范、无差错，并及时将“营业日报”等报表报送主管领导审阅				

（续）

职责	职责细分	职责类别
1. 稽核规范和流程编制	（1）协助财务部经理制定酒店稽核规范	周期性
	（2）拟定酒店稽核工作流程，报上级领导审批通过后组织实施	周期性
	（3）对执行中的稽核制度、规程、流程等提出完善建议或方案	日常性
2. 单据和凭证核查管理	（1）指导核单员对酒店各项收入的单据进行规范性、准确性审核	日常性
	（2）处理核单过程中遇到的重大问题，并及时向上级领导汇报	日常性
	（3）抽查单据、凭证的核查工作，不断改进核查方法，提高核查效率	日常性
3. 夜间稽核工作管理	（1）复核夜审员已审核的“房租报表”和编制的“试算平衡报告”	日常性
	（2）复核夜审员编制的“营业日报表”，并及时将报表送总经理和相关部门经理审阅	日常性
	（3）处理夜间稽核中出现的重大遗留问题，并根据问题的严重程度向财务部经理和总经理汇报	日常性
4. 日间稽核工作管理	（1）安排、检查日间稽核工作	日常性
	（2）对日间稽核工作进行指导	日常性
	（3）审核日审员编制的稽核报告，提出完善意见	日常性
	（4）处理日间稽核中出现的重大遗留问题，并根据问题的严重程度向财务部经理和总经理汇报	日常性
5. 员工管理	（1）安排顶班或进行班次调整	日常性
	（2）负责夜审、日审的考勤和财经纪律维护工作	日常性
	（3）负责稽核业务培训和下属人员的绩效考核工作	日常性

三、核单员岗位职责

岗位名称	核单员	所属部门	财务部	编号	
直属上级	稽核主管	直属下级		晋升方向	
所处管理位置	财务部经理 → 稽核主管 → 核单员				
职责概述	审核酒店各部门的单据、报表和凭证等，确保各项表单、凭证使用的规范性与合法性				

职责	职责细分	职责类别
1. 审核票据	（1）审核发票、账单及各类报表的连续性和合法性	日常性
	（2）核查记账凭证所附原始单据是否齐全和符合规定	日常性
	（3）协同财务不定期抽查核对发票、账单的存根	日常性
	（4）核对各班次收银员送审的账单、原始单据、收款报表及手工报表	日常性
2. 汇总单据和处理核单中的问题	（1）编制每日各收银点的“全天账单列表”，以便进行审核	日常性
	（2）发现和收集酒店管理、经营中的错漏现象，并及时上报稽核主管及相关人员，以便整改	日常性
	（3）核算开房率、房租收入的平均房价，检查餐厅平均费用的计算是否准确，发现问题及时要求相关部门解决	日常性
3. 其他工作	（1）协助稽核主管开展其他工作	日常性
	（2）协调同部门其他人员的工作关系，确保工作顺利开展	日常性

四、夜审员岗位职责

岗位名称	夜审员	所属部门	财务部	编号	
直属上级	稽核主管	直属下级		晋升方向	
所处管理位置	财务部经理 稽核主管 夜审员				
职责概述	负责在夜间开展酒店营业收入的审核工作，及时、准确掌握酒店每日的经营情况				

职责	职责细分	职责类别
1. 账单、报表稽核	（1）负责每日营业点收银机的清机工作，核对各营业点收银机的清机报告	日常性
	（2）稽核酒店当日各营业点交来的各种账单、票据和每班的收款报表	日常性
	（3）对照有关报表，查验信用卡签名、授权密码、有效日期等	日常性
	（4）稽核各种签单、挂账及信用卡，并与应收账款明细账核对	日常性
	（5）会同稽核主管监督出纳员点算浮动现金	日常性
	（6）稽核当日各种消费项目明细表	日常性
	（7）稽核各种优惠折扣的手续是否完备	日常性
	（8）核查餐次数目及所有食品、饮品销售的一般账单	日常性

（续）

职责	职责细分	职责类别
2. 报表编制	（1）编制“客账汇总表”	日常性
	（2）编制“每日营业收入日报表”	日常性
	（3）编制“优惠折扣明细统计表”	日常性
	（4）完成“每日现金结算情况报表”，统计客人人数、平均消费、餐次、营收等情况	日常性
	（5）记录收款工作中存在的问题，对夜间未能处理事项做好交班记录	日常性
3. 其他工作	（1）对照预期离店客人报表整理好当天离店客人的账套	日常性
	（2）完成稽核主管交办的其他工作	日常性

五、日审员岗位职责

岗位名称	日审员	所属部门	财务部	编号	
直属上级	稽核主管	直属下级		晋升方向	
所处管理位置	财务部经理 → 稽核主管 → 日审员				
职责概述	开展酒店的日间审核工作，确保各项收入的准确性和表单凭证编制的规范性、合理性				

职责	职责细分	职责类别
1. 报表和单证审核	（1）审核前厅当天未结客账的余额是否正确	日常性
	（2）审核前厅、餐厅、康乐、商场等收银处的挂账账单	日常性
	（3）审核酒店餐饮、客房等部门报送的营业收入报表和夜审员、收银员编制的收入报表	日常性
	（4）检查酒店账单签署的合规性，并依照管理部门的指示对所有未付款账单进行核准	日常性

（续）

职责	职责细分	职责类别
2. 表单传送、汇总	（1）及时了解和处理夜审员发现的尚未处理问题，并将处理结果报财务部经理	日常性
	（2）对各旅行社、挂账单位的账目进行整理复核，并转送相关财务人员进行催收	日常性
	（3）将审核无误的“营业收入日报表”报送总经理、财务总监等领导审阅	日常性
	（4）每日将各类报表按日期、序号存放，并在每月月底装订成册	日常性
3. 其他工作	（1）根据夜审员的误差报告书调查账目差异	日常性
	（2）及时向稽核主管汇报工作，完成领导交办的其他工作	日常性

第二节　稽核处岗位绩效考核量表

一、稽核主管绩效考核量表

序号	考核内容	考核指标及目标值	考核实施	
			考核人	考核结果
1	复核夜审报表和报告	报表和报告复核差错率为0		
		报表和报告复核按时完成率达到100%		
		报表和报告延时上报给总经理和相关部门经理审阅的次数为0		
2	监督、指导核单工作	由于单据和凭证核查工作不到位，导致违规单据、凭证没有被及时查处的次数为0		
3	督导日审工作的开展	稽核报告审核按时完成率达到100%		
		日审工作差错率控制在____以内		

二、核单员绩效考核量表

序号	考核内容	考核指标及目标值	考核实施	
			考核人	考核结果
1	审核收银单据	审核及时率达到100%		
		审核差错率低于____%		
2	编制报表	报表编制及时率达到100%		
		报表数据准确率达到100%		
3	监督票证使用	票证违规使用和操作的次数为0		
4	反映核单过程中发现的问题	问题反映的及时率达到100%		

三、夜审员绩效考核量表

序号	考核内容	考核指标及目标值	考核实施	
			考核人	考核结果
1	审核收银业务	审核按时完成率达到100%		
		审查差错率控制在____%以内		
2	编制夜审报表	夜审报表编制准确率达到100%		
		夜审报表按时完成率达到100%		
3	领导满意度	领导满意度评分达到____分		

四、日审员绩效考核量表

序号	考核内容	考核指标及目标值	考核实施	
			考核人	考核结果
1	复核收银业务	审查差错率为0		
		审核按时完成率达到100%		
2	处理夜审遗留问题	夜审遗留问题解决及时率达到100%		
3	传送收入报表	收入报表报送主管领导的及时率达到100%		
		传送报表齐全、数据准确、填写规范		
4	定期装订报表	报表装订在每月月底的____日前完成		
		装订的报表无遗漏，装订规范		

第三节 稽核处工作程序与关键问题

一、夜审工作程序与关键问题

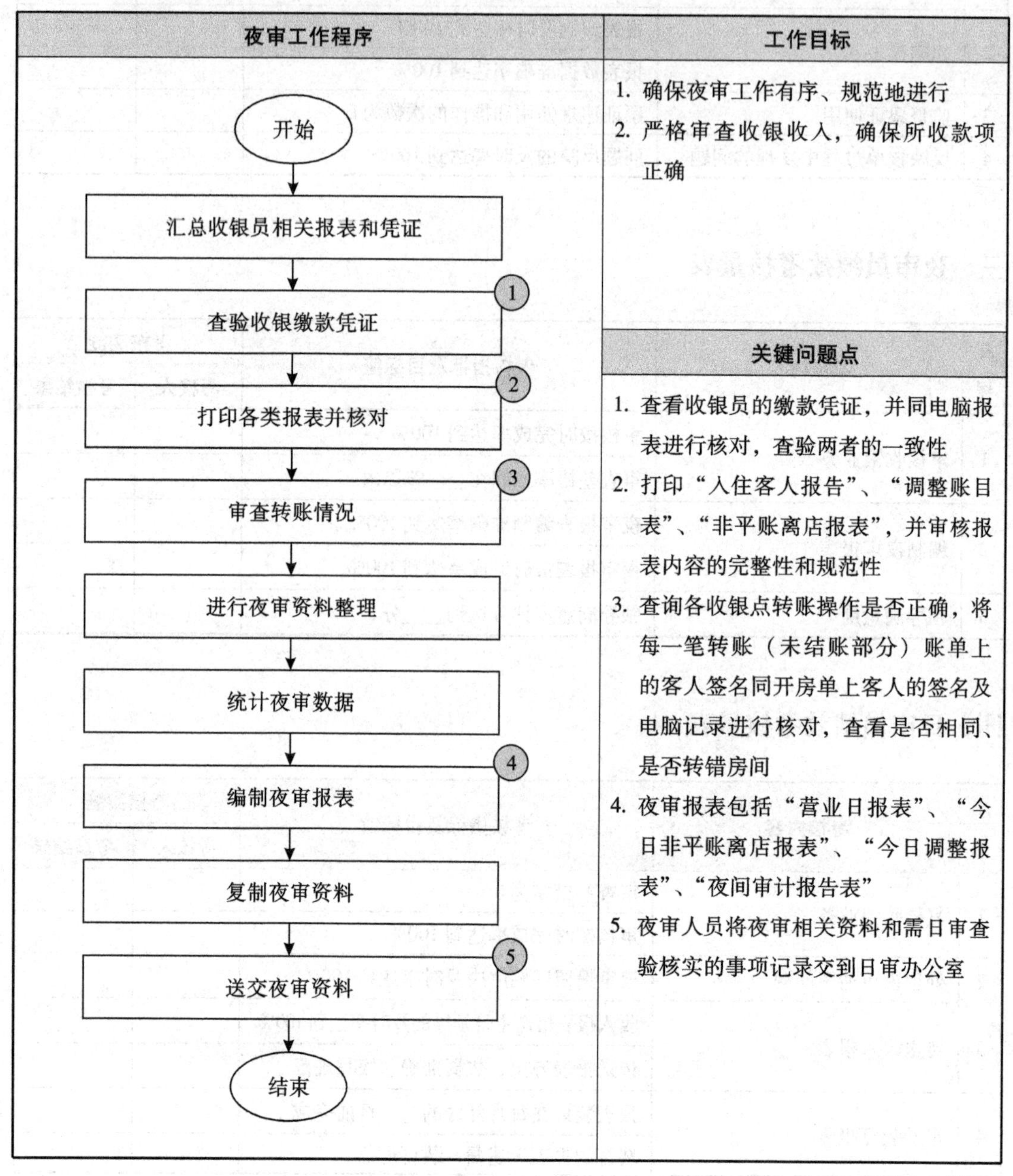

工作目标

1. 确保夜审工作有序、规范地进行
2. 严格审查收银收入，确保所收款项正确

关键问题点

1. 查看收银员的缴款凭证，并同电脑报表进行核对，查验两者的一致性
2. 打印“入住客人报告”、“调整账目表”、“非平账离店报表”，并审核报表内容的完整性和规范性
3. 查询各收银点转账操作是否正确，将每一笔转账（未结账部分）账单上的客人签名同开房单上客人的签名及电脑记录进行核对，查看是否相同、是否转错房间
4. 夜审报表包括“营业日报表”、“今日非平账离店报表”、“今日调整报表”、“夜间审计报告表”
5. 夜审人员将夜审相关资料和需日审查验核实的事项记录交到日审办公室

二、日审工作程序与关键问题

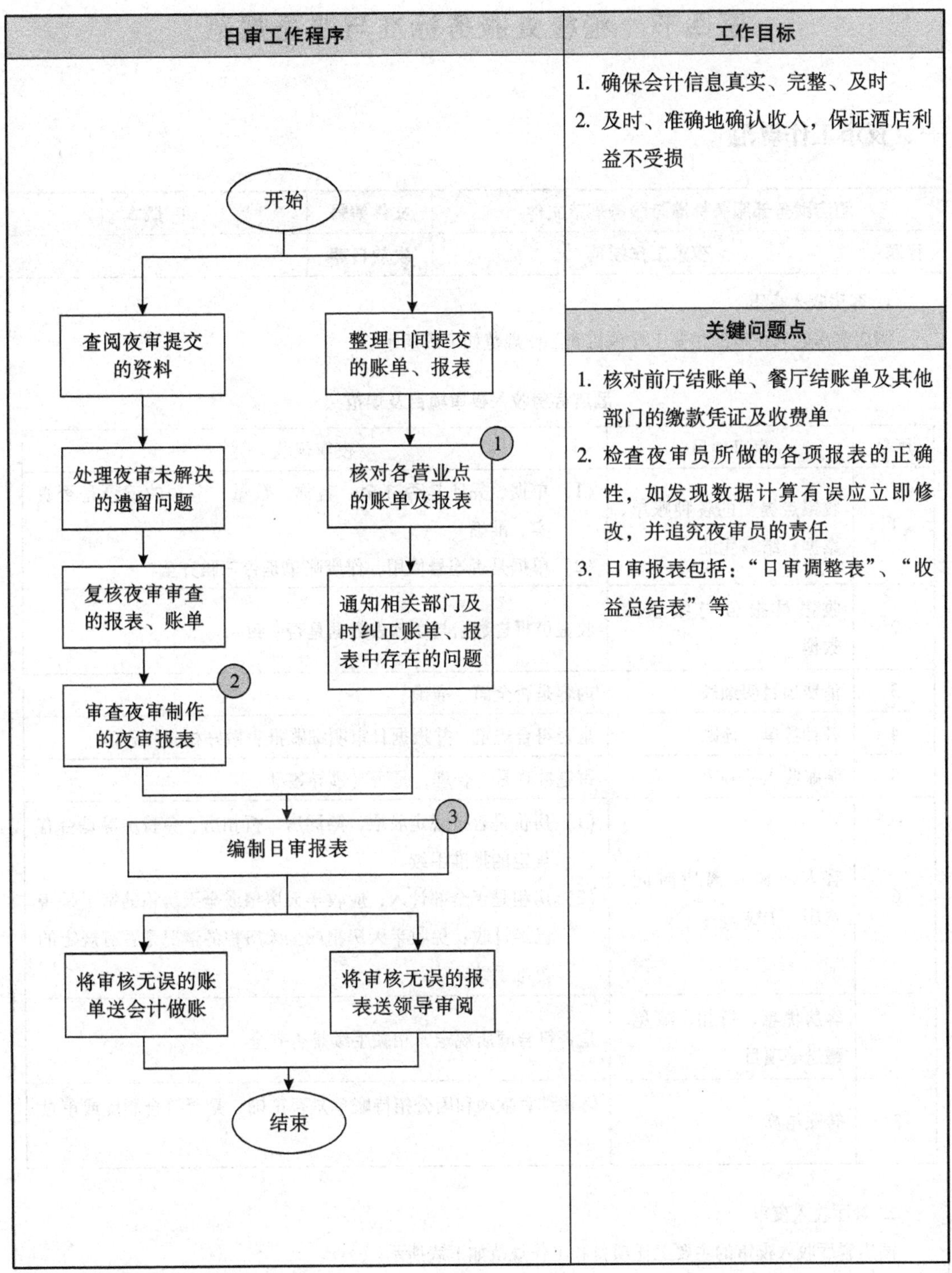

工作目标

1. 确保会计信息真实、完整、及时
2. 及时、准确地确认收入，保证酒店利益不受损

关键问题点

1. 核对前厅结账单、餐厅结账单及其他部门的缴款凭证及收费单
2. 检查夜审员所做的各项报表的正确性，如发现数据计算有误应立即修改，并追究夜审员的责任
3. 日审报表包括：“日审调整表”、“收益总结表”等

第四节 稽核处服务标准与服务规范

一、夜审工作规范

酒店财务部服务标准与服务规范文件		文件编号		版本	
标题	夜审工作规范	发放日期			

1. 客房收入夜审

酒店客房收入夜审的主要工作项目和工作规范如下表所示。

酒店客房收入夜审项目及规范

序号	夜审项目	夜审规范
1	收银点提交的各种账单、票据、结算凭证	（1）单据、凭证是否齐全，名称、数量、金额的记录是否真实、准确 （2）单据是否连号使用，作废账单是否三联齐全
2	收银员报告与缴款表数据	收银员报告数据与缴款表数据是否一致
3	消费项目明细表	内容是否全面、准确
4	各种签单、挂账	是否符合规定，并根据日审明细账报表做好相应的分单
5	结账收入差额表	每笔冲账是否合理，是否有领导签准
6	客人入住及离店时间、费用、手续	（1）房价是否按规定收取，陪同房、折扣房、免费房等是否有规定的批准手续 （2）房租是否全部计入；应收半天房租或全天房租的情况是否已经计收；免收半天房租或全天房租的情况是否有规定的批准手续
7	客房优惠、折扣、减免、赠送等项目	是否符合酒店规定，相关手续是否齐全
8	转账结算	转账结算款项和因公招待账单是否正确，是否符合制度或审批手续

2. 餐厅收入夜审

酒店餐厅收入夜审的主要工作项目和工作规范如下表所示。

（续）

酒店餐厅收入夜审项目及规范		
序号	夜审项目	夜审规范
1	账单数目和金额	账单数额和实际金额是否一致；账单、报表是否已及时上交；是否存在少交、漏交账单的现象
2	菜单统计报表与账单	账单金额与报表对应统计数量是否一致，是否存在账单不全的现象
3	餐娱账单的消费明细	是否与酒水单、食品单一致；单据是否联号；数量、金额是否相同；退菜是否符合手续
4	各类报表综合审查	审查其折扣、免零等做法是否符合手续；审批各种优惠券、免费券及有价证券的使用是否符合规定及是否在有效期内
5	招待报表、转账报表	打印前厅和餐娱的招待明细表、转账明细表，并与实际账单进行核对。查看招待转应收账是否符合手续

签阅栏		如同意下述两点，请在签阅栏处签字 （1）本人保证严格按此文件要求执行工作 （2）本人有责任在发现问题时，第一时间向本文件审批人提出修改意见			
相关说明					
编制人员		审核人员		审批人员	
编制日期		审核日期		审批日期	

二、日审工作规范

酒店财务部服务标准与服务规范文件		文件编号		版本	
标题	日审工作规范	发放日期			

1. 审核夜审报表

核算前一日夜审所做各种报表。检查夜审所做的报表是否按收银员提供的资料完成，报表是否平衡、完整，并将各类报表核对无误后上交财务部经理。

2. 查看夜审工作记录

查看夜审工作日记并及时处理查出的问题，须在问题空格处注明如何解决问题。对超出职能范围的问题应及时向财务部经理或主管汇报。

（续）

<table>
<tr><td colspan="6">3. 核对总台及各营业点的发票、账单、报表等有关原始凭证的内容是否完整；是否有错漏、虚假问题；是否出现账单、发票合计数与报表不符的情况。
4. 检查转外客账的各种账单是否符合手续；检查各营业点客账收入与夜审报表是否相符；检查前一日发生的营业收入调整冲账是否合理，是否已按规定流程审批。
5. 检查离店客人余额表。如有未结款项，应查明原因并及时作出处理。
6. 根据核对后的各项收入编制凭证，制作电脑汇账。
7. 将原始电脑结账单和营业点收入明细表交稽核主管。
8. 编制日审记录。对在日审过程中发现的问题进行记录，以备下一班夜审人员查阅和解决。
9. 将审核过的各类原始账单和报表按日期、序号分类存放，并根据酒店规定交档案管理人员归档保存。</td></tr>
<tr><td>签阅栏</td><td></td><td colspan="4">如同意下述两点，请在签阅栏处签字
（1）本人保证严格按此文件要求执行工作
（2）本人有责任在发现问题时，第一时间向本文件审批人提出修改意见</td></tr>
<tr><td>相关说明</td><td colspan="5"></td></tr>
<tr><td>编制人员</td><td></td><td>审核人员</td><td></td><td>审批人员</td><td></td></tr>
<tr><td>编制日期</td><td></td><td>审核日期</td><td></td><td>审批日期</td><td></td></tr>
</table>

三、核单工作规范

<table>
<tr><th colspan="2">酒店财务部服务标准与服务规范文件</th><th>文件编号</th><th></th><th>版本</th><th></th></tr>
<tr><th>标题</th><th>核单工作规范</th><th>发放日期</th><th colspan="3"></th></tr>
<tr><td colspan="6">一、凭证、表单审核
（一）月度审核
每月对原始凭证和记账凭证审核一次，审核内容和方法如下。
1. 审核原始凭证的合法性、合理性
（1）大宗物品必须取得税务发票。如对方是一般纳税人，应取得专用发票；如是小规模纳税人，应取得普通发票或税务部门代开的专用发票。
（2）发票上的物品是否为本酒店所需物品，有无批准的购量预算。
2. 原始凭证的真实性
发票上的物品是否是销售商所经营的产品；购进价与预算、现实是否相符；物品是否已验收入库等。</td></tr>
</table>

（续）

<table>
<tr><td colspan="6">3. 原始凭证的完整性
（1）是否有购货单位名称、购货时间、品名、规格、大小写金额；是否多联复写；是否具备公私章。
（2）是否有发票联；有无字迹涂改（金额涂改要退回重开）。如有涂改，涂改处是否盖有公章，是否有审批人签名等。
4. 记账凭证的正确性
记账凭证的时间、编号是否正确；使用的科目、方向、金额是否正确；金额大小写是否相符；摘要说明是否清楚等。
（二）不定期抽查
除按月进行稽核外，还应根据需要对各类凭证进行不定期抽查，会计及出纳人员应给予支持与配合。
二、会计账簿及报表的审核
（一）月度审核
每月对会计账簿及会计报表复核一次。审核的内容和方法如下。
1. 时间、编号是否正确；使用的科目、方向是否正确；金额的大小写是否相符；摘要说明是否清楚等。
2. 总账与明细账是否相符；摘要栏的记载是否简明扼要。
3. 核对资产负债表的数字是否与总账数字一致；损益表中的数字是否与总账及有关明细账相符，其中是否有更改报表数字或对相同对象使用不同的数字报出的情况。
4. 核对报表之间的数字是否已衔接；前后期之间是否已衔接。
（二）不定期审核
除按月进行稽核外，还应根据需要对各类账簿和报表进行不定期抽查，会计及出纳人员应给予支持与配合。</td></tr>
<tr><td>签阅栏</td><td></td><td colspan="4">如同意下述两点，请在签阅栏处签字
（1）本人保证严格按此文件要求执行工作
（2）本人有责任在发现问题时，第一时间向本文件审批人提出修改意见</td></tr>
<tr><td>相关说明</td><td colspan="5"></td></tr>
<tr><td>编制人员</td><td></td><td>审核人员</td><td></td><td>审批人员</td><td></td></tr>
<tr><td>编制日期</td><td></td><td>审核日期</td><td></td><td>审批日期</td><td></td></tr>
</table>

第五节　稽核处服务常用文书与表单

一、冲账单

客人姓名：　　　　　　　　序号：　　　　　　　　日期：____年____月____日

项目	金额	备注
总计（大写）		

经办人：　　　　　　　　交款人：　　　　　　　　稽核主管：

二、客账日报表

按业务类别发生的本日金额							
业务项目	发生金额	业务项目	发生金额	业务项目	发生金额	业务项目	发生金额
房金		食品		理发		传真、电报	
加床				服务费		小酒吧	
服务费				会场		俱乐部	
客房会场		汽车租用		导游迎送		其他	
洗衣费		长途电话		代垫			
小计							
按楼别发生的本日金额							
楼别							
金额							
补充资料							
楼别		出租率		外国宾客人数		中国宾客人数	
本日收回							

（续）

现金		支票		信用卡		财务催收	
小计							
金额汇总							

昨日余额		本日发生		本日余额	

三、营业收入日报表

日期：____年____月____日

收入分类	金额	备注
食品		
饮料		
住宿		
客人分户账结账数		
合计		
结算方式		
现金		
人民币		
信用卡		
万事达卡		
大莱卡		
长城卡		
VISA 卡		
支票		
外单位欠款		
客人欠款		
公关费		
坏账		
小计		
加：押金		
加：长款		
减：短款		
合计		

主管：　　　　　　　　收银员：　　　　　　　　夜审员：

四、酒店各部门收益日报表

收益项目	当日收益额度（单位：元）	预计收益额度（单位：元）	备注
客房收益			
食品收益			
饮料收益			
其他收益			
收益合计			

第六节　稽核处服务质量提升方案

一、餐厅账单稽核方案

标题	餐厅账单稽核方案		文件编号		版本	
执行部门		监督部门		考证部门		

1. 稽核账单填制手续和汇总规范

（1）餐厅的账单要加盖餐厅收款章，并有收款员签名。

（2）第三联发票联要附在账单上，账单上加盖“附件”印章，发票金额不能大于账单实收金额。

2. 账款结算审核

（1）对于改变付款方式的账单，须经手收款员注明原因并签名证实。

（2）以低于餐厅规定的价格进行结算的账单，须有餐厅经理以上级别的管理人员写明原因并签字予以证明。

3. 折扣账单审核

（1）对给予折扣的账单，要检查折扣是否准确，是否经过相关人员签批。

（2）对于使用优惠卡付账的情况，要核查卡的资料，检查卡的有效期，防止出现同一账单享受双重优惠的问题。

4. 检查账单是否输入了人数；人数和消费金额之间的关系是否合理。中餐厅的免费茶须经有签批权的人员签批，且茶位与人数应保持一致。

（续）

5. 核对设最低消费的餐厅的账单金额是否达到最低消费标准。免最低消费须经有审批权的人员签批。 6. 所有账单均应加收服务费（费用单上已注明包服务费的除外）。	
相关说明	

二、当日入住客人房价稽核方案

标题	当日入住客人房价稽核方案		文件编号		版本	
执行部门		监督部门		考证部门		
1. 散客房价核查 （1）打印客人当天入住报表，将客人入住登记卡与打印的报表进行核对，检查客人姓名是否正确。 （2）如果仅有入住登记卡而报表没有显示，则检查电脑是否已输入客人的入住情况；如果报表有显示而没有入住登记卡，则应要求前厅接待补办入住登记卡。 （3）检查当日入住客人的入住日期、退房日期、房价是否正确，若存在计算错误或数据有误的情况，应责成前厅收银员及时改正。 2. 旅行社入住审核 （1）检查凭旅行社入住单报账的资料。将旅行社入住单与入住报表进行核对，检查是否做了分单。 （2）输入旅行社或报账公司的名称，检查报账的单位是否正确，并检查旅行社入住单上的酒店名称、入住天数、房间种类、入住人数、结算方式、旅行社印章，以及是否有加床、订餐、订车等服务要求。 （3）检查入住房间的房租是否按合同价计算，该单是否有效并可用于报账。 3. 折扣审查 核查享受折扣的房租是否具有书面批准材料。批准材料上应注明客人姓名、房号、入住日期、折扣、申请人和批准人。稽核核查时应注意折扣力度是否在批准人的权限范围内。						
相关说明						

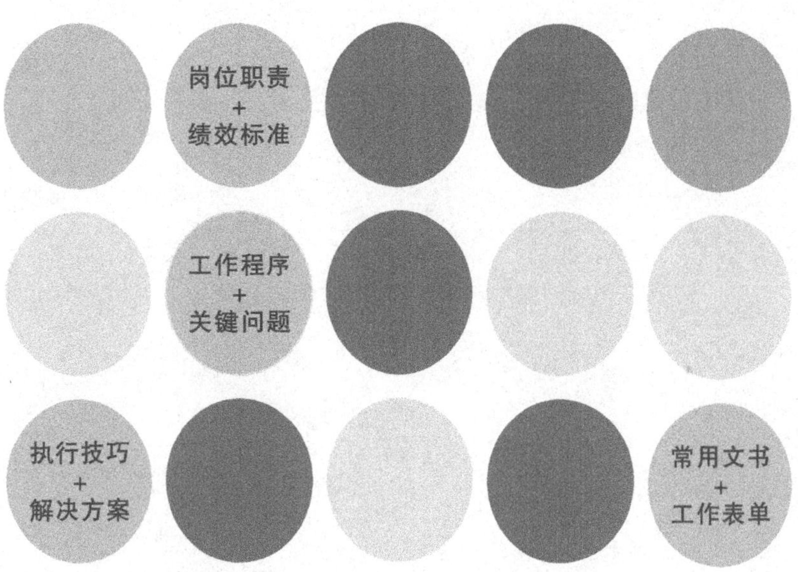

第五章

财务处精细化管理

第一节　财务处岗位描述

一、财务处岗位设置

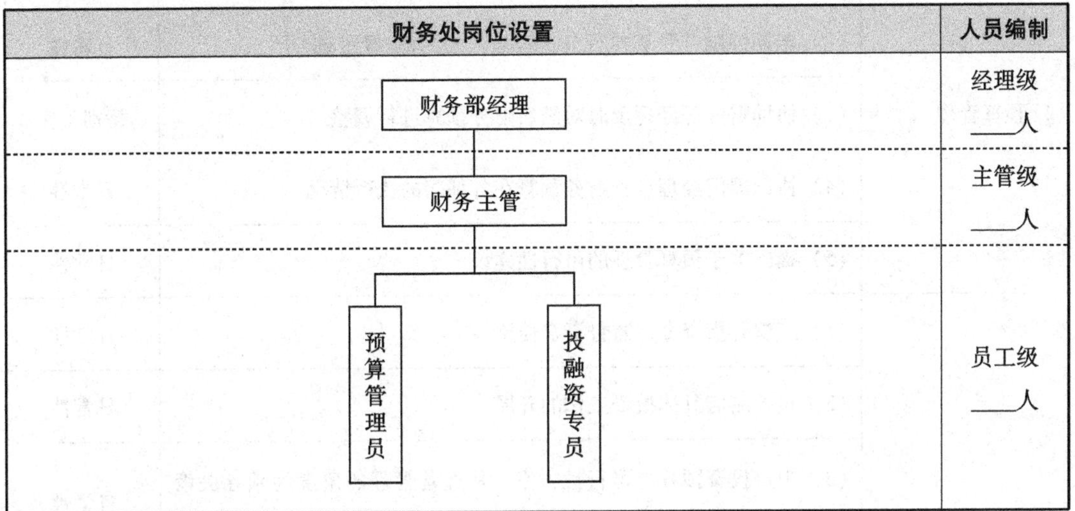

财务处岗位设置	人员编制
财务部经理	经理级 ____人
财务主管	主管级 ____人
预算管理员　投融资专员	员工级 ____人

二、财务主管岗位职责

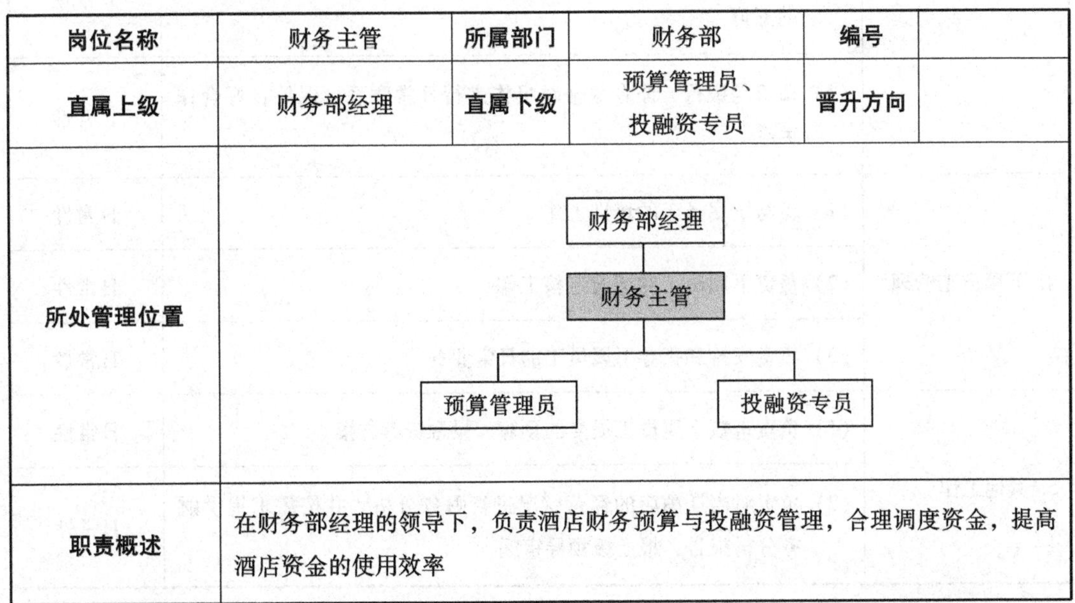

岗位名称	财务主管	所属部门	财务部	编号	
直属上级	财务部经理	直属下级	预算管理员、投融资专员	晋升方向	
所处管理位置	财务部经理 财务主管 预算管理员　投融资专员				
职责概述	在财务部经理的领导下，负责酒店财务预算与投融资管理，合理调度资金，提高酒店资金的使用效率				

（续）

职责	职责细分	职责类别
1. 制度建设与计划拟订	（1）协助财务部经理编制酒店财务预算、投融资规范和制度	周期性
	（2）负责拟订预算与投融资计划，报上级领导审批后组织实施	周期性
2. 预算管理	（1）拟定酒店财务预算，并提交财务部经理审核	周期性
	（2）定期编制“预算执行分析报告”，并报上级审核	日常性
	（3）协助财务部经理及时对酒店财务预算进行调整	特别工作
	（4）协助部门经理审查财务预算在各部门的执行情况	日常性
	（5）提出关于预算管理的可行性建议	日常性
3. 投融资管理	（1）组织筹措资金，监督资金使用	日常性
	（2）负责酒店具体投资工作的开展	日常性
	（3）拟定投资预算与可行性方案，从经营管理的角度为领导决策提供参考数据	日常性
	（4）参与酒店基本建设投资、客房及餐厅的改造；参与经济合同的签订	日常性
	（5）负责与银行、证券等金融机构进行日常联系，保持良好合作关系	日常性
4. 下属员工管理	（1）参与下属员工的培训工作	日常性
	（2）负责下属员工的绩效考核工作	日常性
	（3）负责安排和指导下属员工的日常业务	日常性
5. 其他工作	（1）负责审核下属员工提交的预算、投融资等方案	日常性
	（2）负责对当期酒店的经营状况进行财务分析，并按需求提供财务分析报告，报上级领导审阅	日常性

三、成本控制专员岗位职责

<table>
<tr><td>岗位名称</td><td>成本控制专员</td><td>所属部门</td><td>财务部</td><td>编　　号</td><td></td></tr>
<tr><td>直属上级</td><td>财务主管</td><td>直属下级</td><td></td><td>晋升方向</td><td></td></tr>
<tr><td>所处管理位置</td><td colspan="5">财务部经理
财务主管
成本控制专员</td></tr>
<tr><td>职责概述</td><td colspan="5">在财务主管的领导下，进行酒店各项业务的成本费用核算，有效进行成本控制</td></tr>
<tr><td>职责</td><td colspan="4">职责细分</td><td>职责类别</td></tr>
<tr><td rowspan="2">1. 成本计划和预算管理</td><td colspan="4">（1）协助财务主管编制成本控制计划</td><td>周期性</td></tr>
<tr><td colspan="4">（2）协助财务主管进行成本费用预算</td><td>周期性</td></tr>
<tr><td rowspan="5">2. 成本分析和控制</td><td colspan="4">（1）负责对仓库和厨房的成本控制情况进行督导</td><td>日常性</td></tr>
<tr><td colspan="4">（2）检查出入库单、领料单等相关成本费用报表的开具和使用是否符合规定</td><td>周期性</td></tr>
<tr><td colspan="4">（3）定期对酒店成本信息进行分析，编制成本分析报告，对成本差异进行分析</td><td>日常性</td></tr>
<tr><td colspan="4">（4）监督酒店服务价格的落实情况，对违规降价或抬价的行为及时向主管领导反映</td><td>周期性</td></tr>
<tr><td colspan="4">（5）定期进行市场价格调查，掌握市场价格的变化情况，提出价格管理的意见和建议</td><td>周期性</td></tr>
<tr><td rowspan="3">3. 毛利率测算</td><td colspan="4">（1）负责测算每天菜点毛利率</td><td>日常性</td></tr>
<tr><td colspan="4">（2）负责测算每天酒水毛利率</td><td>日常性</td></tr>
<tr><td colspan="4">（3）核算每周、每月的原材料成本率</td><td>周期性</td></tr>
<tr><td rowspan="2">4. 其他工作</td><td colspan="4">（1）定期向财务主管汇报工作</td><td>日常性</td></tr>
<tr><td colspan="4">（2）完成财务主管交办的其他工作</td><td>日常性</td></tr>
</table>

四、预算管理员岗位职责

<table>
<tr><td>岗位名称</td><td>预算管理员</td><td>所属部门</td><td>财务部</td><td>编号</td><td></td></tr>
<tr><td>直属上级</td><td>财务主管</td><td>直属下级</td><td></td><td>晋升方向</td><td></td></tr>
<tr><td>所处管理位置</td><td colspan="5">财务部经理
财务主管
预算管理员</td></tr>
<tr><td>职责概述</td><td colspan="5">在财务主管的直接领导下开展酒店财务预算的具体编制与管理工作，协助达成预算管理目标</td></tr>
<tr><td>职责</td><td colspan="4">职责细分</td><td>职责类别</td></tr>
<tr><td rowspan="2">1. 执行预算制度和计划</td><td colspan="4">（1）根据酒店经营目标和预算制度开展工作</td><td>日常性</td></tr>
<tr><td colspan="4">（2）协助财务主管编制预算计划，并按照预算计划按时完成预算工作</td><td>日常性</td></tr>
<tr><td rowspan="2">2. 收集预算资料</td><td colspan="4">（1）收集酒店以前年度的预算指标、目标成本和目标利润、预算执行情况、预算变化因素分析等方面的资料</td><td>日常性</td></tr>
<tr><td colspan="4">（2）开展市场调查，做好预算的前期调研工作，了解相关财务政策变化情况，进行政策分析</td><td>日常性</td></tr>
<tr><td rowspan="3">3. 编制预算</td><td colspan="4">（1）根据酒店经营战略目标、上年预算执行情况，拟定酒店本年度财务预算总体目标，并报上级领导审批</td><td>日常性</td></tr>
<tr><td colspan="4">（2）汇总酒店各部门编制的预算草案，并进行试算平衡</td><td>日常性</td></tr>
<tr><td colspan="4">（3）负责编制预算控制方案，经领导审批后与预算同时下达各部门</td><td>日常性</td></tr>
</table>

（续）

职责	职责细分	职责类别
4. 控制预算	（1）负责跟踪各部门执行预算的情况，并根据预算的实际执行情况编制预算调整方案，上报财务主管	日常性
	（2）协助财务主管对酒店经营状况和预算执行情况进行分析，并形成预算执行报告	日常性
5. 整理资料	（1）负责将收集到的财务报表、统计表等资料归档	日常性
	（2）负责整理财务预算及预算调整方案并归档保存	日常性

五、投融资专员岗位职责

岗位名称	投融资专员	所属部门	财务部	编号	
直属上级	财务主管	直属下级		晋升方向	
所处管理位置	财务部经理 财务主管 投融资专员				
职责概述	在财务主管的直接领导下实施酒店的融资和投资工作，提高酒店资金的使用效率				

职责	职责细分	职责类别
1. 执行制度与拟订计划	（1）协助财务主管制定酒店投融资等相关规章制度	周期性
	（2）协助财务主管拟订酒店的投融资计划，经审批后执行	周期性
2. 筹集资金	（1）分析市场和项目的融资风险，对酒店短期、长期的资金需求进行预测，制定并实施相应的融资方案	日常性
	（2）负责建立多元融资渠道，与各融资机构建立和保持良好的合作关系	日常性

（续）

职责	职责细分	职责类别
2. 筹集资金	（3）与融资对象进行商谈、签订融资合同等具体融资事宜	日常性
	（4）合理进行资金分析和调配，进行内部融资安排，监督并优化内部资金的运用，合理调度资金	日常性
3. 开展投资	（1）对投资项目进行市场调研，编写市场调查报告	日常性
	（2）对投资项目进行成本、收益、风险及敏感性分析，编制投资方案，为领导进行投资决策提供依据	日常性
	（3）为投资项目准备推荐性文件，拟订项目实施计划和行动方案，供相关领导参考	日常性
	（4）按照投资项目业务分工实施项目工作	日常性
4. 整理资料	（1）建立金融机构档案，并及时进行更新	日常性
	（2）对投融资项目的资料、决议、方案、可行性报告等文件资料进行整理、归档	日常性

第二节 财务处岗位绩效考核量表

一、财务主管绩效考核量表

序号	考核内容	考核指标及目标值	考核实施	
			考核人	考核结果
1	拟定酒店财务预算	酒店财务预算控制率达到____%		
2	定期向财务部经理提交预、决算报告	报告提交及时率达到100%		
		报告分析透彻、全面，具有一定的参考价值，领导满意度评价在____分以上		

（续表）

序号	考核内容	考核指标及目标值	考核实施	
			考核人	考核结果
3	组织筹集资金	资金筹集计划完成率达到____%		
		融资方案编制及时率达到____%		
4	开展酒店投资项目	投资方案编制及时率达到____%		
		投资方案采用的计算方法合理、数据齐全，为领导作出决策提供了一定的参考价值，领导满意度评价在____分以上		
5	提交财务分析报告	财务分析报告中，分析数据错误次数在____次以下		
6	管理下属员工	培训计划完成率达到100%		
		员工任职资格达标率达到____%		

二、成本控制专员绩效考核量表

序号	考核内容	考核指标及目标值	考核实施	
			考核人	考核结果
1	审核成本费用报表	在收到相关报表后____小时内完成审核		
2	测算毛利率	毛利率测算的误差控制在____%以内		
3	报表、报告管理	各类报表、报告编制工作按时完成率达100%		
		报表、报告的数据准确率达100%		

三、预算管理员绩效考核量表

序号	考核内容	考核指标及目标值	考核实施	
			考核人	考核结果
1	收集资料	收集的酒店内外部资料全面、准确		
2	编制酒店财务预算	财务预算报告编制及时率达到____%		
		财务预算达成率控制在____%左右		
3	编制预算调整方案	预算调整方案合理、恰当，提出的有效建议数不少于____条		
4	整理各类资料	资料归档完整率达到100%		

四、投融资专员绩效考核量表

序号	考核内容	考核指标及目标值	考核实施	
			考核人	考核结果
1	编制酒店融资方案	融资方案提交及时率达到____%		
		融资方案分析透彻、全面，领导满意度评价在____分以上		
2	编制投资项目可行性分析报告	可行性分析报告提交及时率达到100%		
		报告分析工具合理、数据准确，为领导决策提供了有力依据，领导满意度评价在____分以上		
3	整理各类资料	资料归档完整率达到100%		
		金融机构档案更新及时率达到____%		

第三节 财务处工作程序与关键问题

一、年度预算编制程序与关键问题

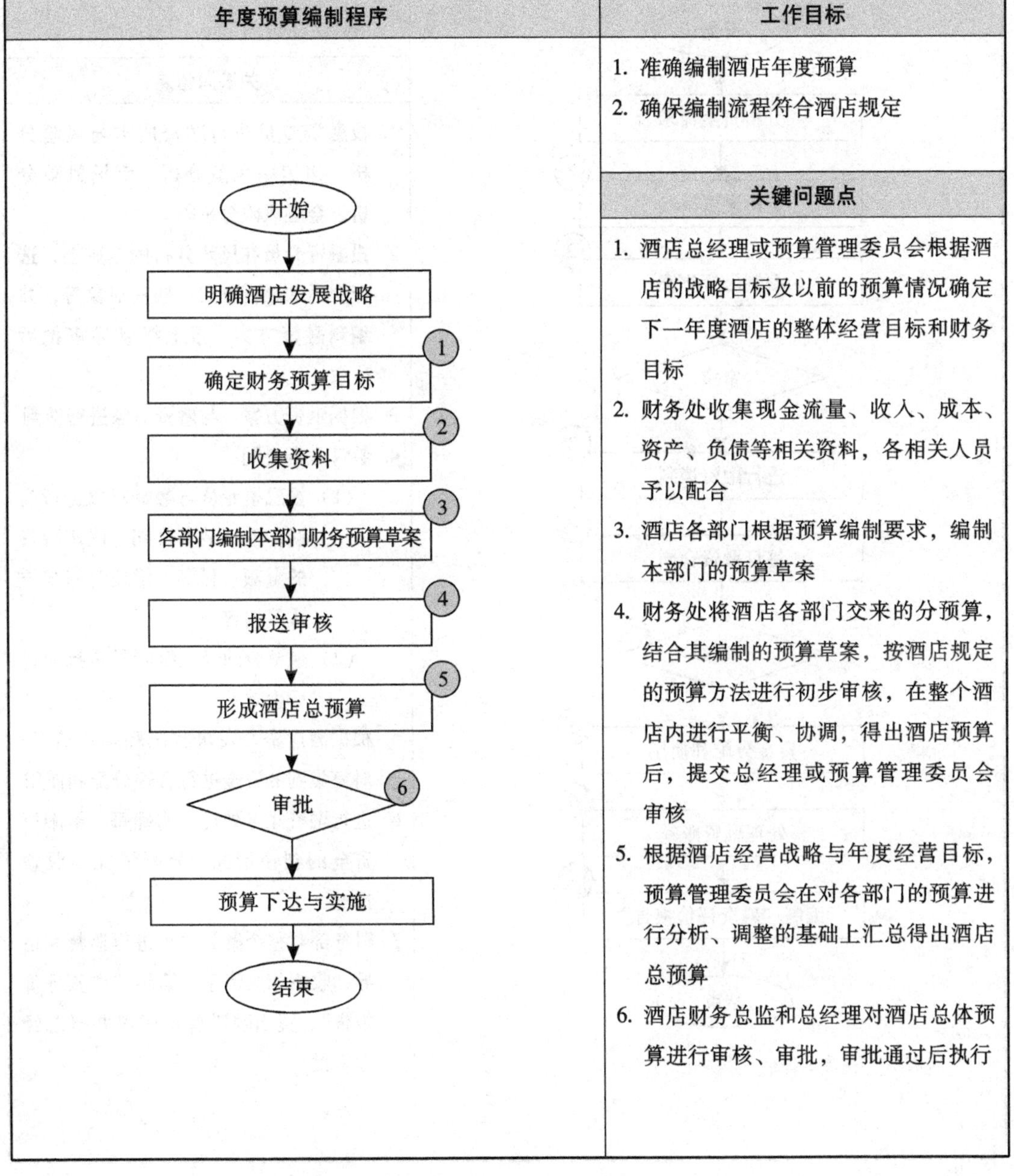

工作目标

1. 准确编制酒店年度预算
2. 确保编制流程符合酒店规定

关键问题点

1. 酒店总经理或预算管理委员会根据酒店的战略目标及以前的预算情况确定下一年度酒店的整体经营目标和财务目标
2. 财务处收集现金流量、收入、成本、资产、负债等相关资料，各相关人员予以配合
3. 酒店各部门根据预算编制要求，编制本部门的预算草案
4. 财务处将酒店各部门交来的分预算，结合其编制的预算草案，按酒店规定的预算方法进行初步审核，在整个酒店内进行平衡、协调，得出酒店预算后，提交总经理或预算管理委员会审核
5. 根据酒店经营战略与年度经营目标，预算管理委员会在对各部门的预算进行分析、调整的基础上汇总得出酒店总预算
6. 酒店财务总监和总经理对酒店总体预算进行审核、审批，审批通过后执行

二、融资管理工作程序与关键问题

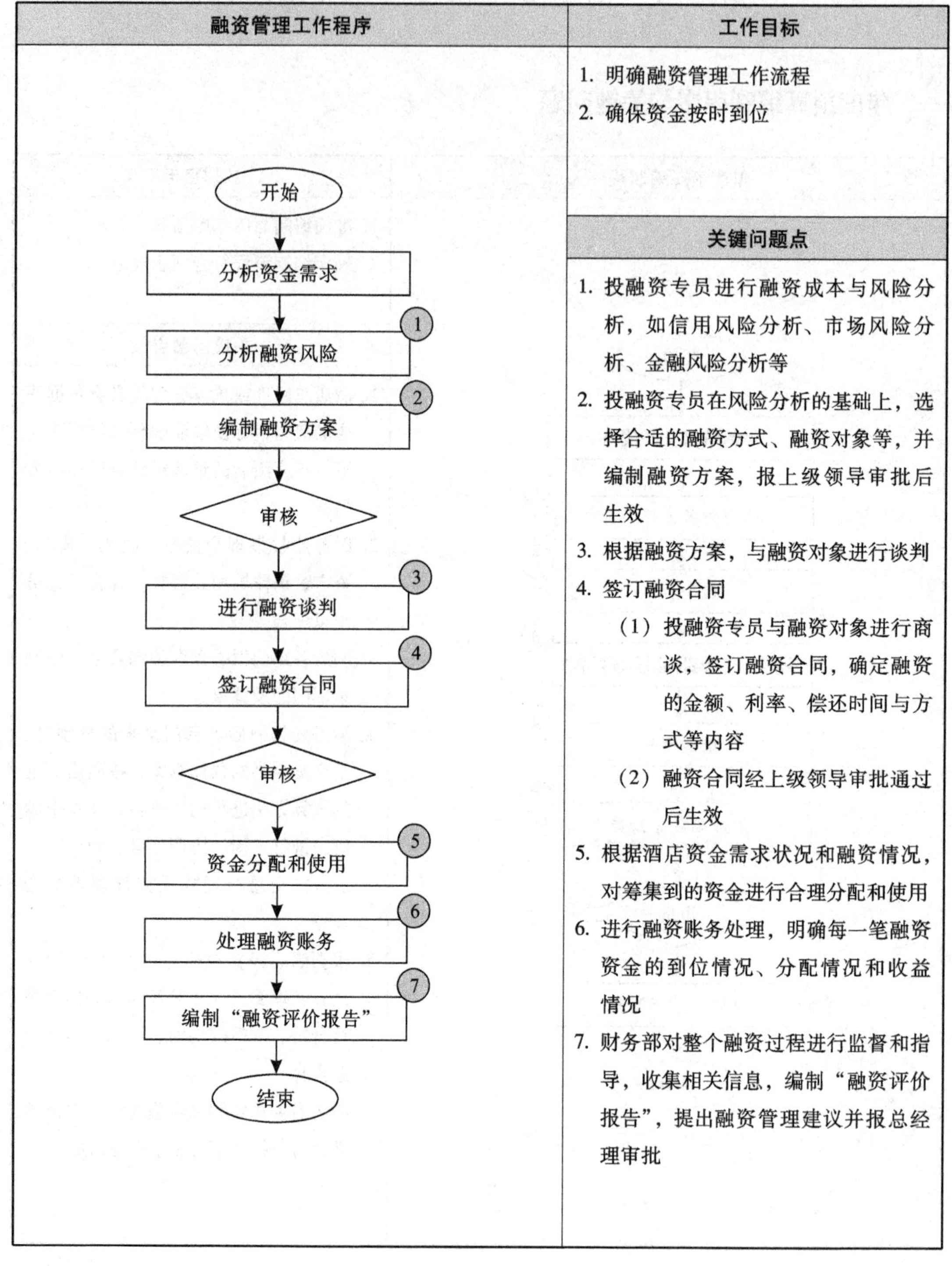

工作目标

1. 明确融资管理工作流程
2. 确保资金按时到位

关键问题点

1. 投融资专员进行融资成本与风险分析，如信用风险分析、市场风险分析、金融风险分析等
2. 投融资专员在风险分析的基础上，选择合适的融资方式、融资对象等，并编制融资方案，报上级领导审批后生效
3. 根据融资方案，与融资对象进行谈判
4. 签订融资合同
   （1）投融资专员与融资对象进行商谈，签订融资合同，确定融资的金额、利率、偿还时间与方式等内容
   （2）融资合同经上级领导审批通过后生效
5. 根据酒店资金需求状况和融资情况，对筹集到的资金进行合理分配和使用
6. 进行融资账务处理，明确每一笔融资资金的到位情况、分配情况和收益情况
7. 财务部对整个融资过程进行监督和指导，收集相关信息，编制“融资评价报告”，提出融资管理建议并报总经理审批

三、投资管理工作程序与关键问题

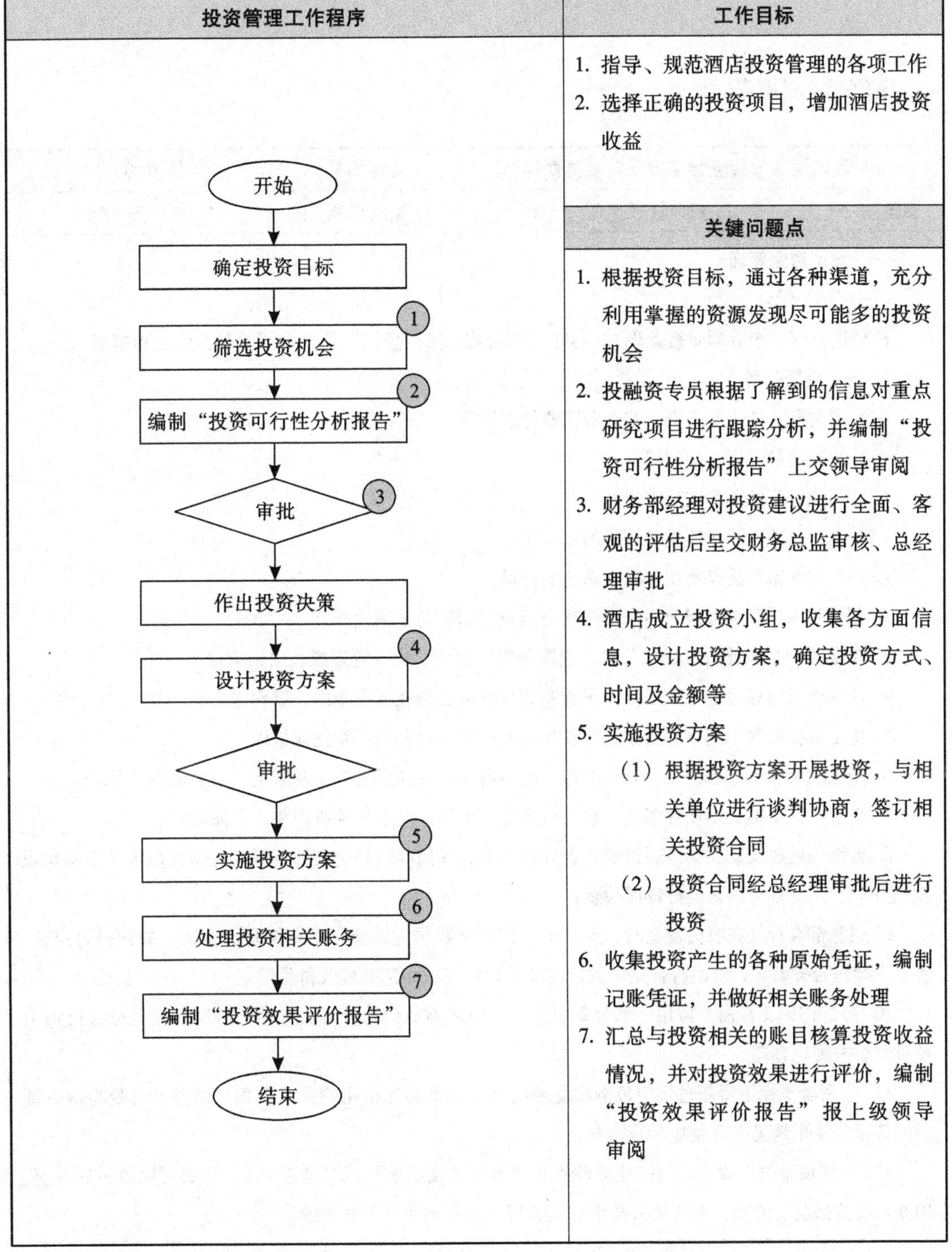

工作目标

1. 指导、规范酒店投资管理的各项工作
2. 选择正确的投资项目，增加酒店投资收益

关键问题点

1. 根据投资目标，通过各种渠道，充分利用掌握的资源发现尽可能多的投资机会
2. 投融资专员根据了解到的信息对重点研究项目进行跟踪分析，并编制“投资可行性分析报告”上交领导审阅
3. 财务部经理对投资建议进行全面、客观的评估后呈交财务总监审核、总经理审批
4. 酒店成立投资小组，收集各方面信息，设计投资方案，确定投资方式、时间及金额等
5. 实施投资方案
   (1) 根据投资方案开展投资，与相关单位进行谈判协商，签订相关投资合同
   (2) 投资合同经总经理审批后进行投资
6. 收集投资产生的各种原始凭证，编制记账凭证，并做好相关账务处理
7. 汇总与投资相关的账目核算投资收益情况，并对投资效果进行评价，编制“投资效果评价报告”报上级领导审阅

第四节 财务处服务标准与服务规范

一、资金管理规范

酒店财务部服务标准与服务规范文件		文件编号		版本	
标题	资金管理规范	发放日期			

一、货币资金管理

（一）现金管理

严格执行《现金管理暂行条例》，遵守“现金收、支两条线”原则，严禁私自坐支和挪用。

1. 现金使用范围

（1）支付职工个人的工资、奖金及工资性津贴等。

（2）支付各种劳保、福利费等。

（3）不能转账的业务款项支出。

（4）支付出差人员必须随身携带的差旅费。

（5）支付农副产品以及在市场上采购的物品。

2. 营业收入的现金按规定由总出纳进行清点并编制总出纳报告。

3. 现金管理必须遵循“钱账分管、钱票分管”原则，会计管账票，出纳管钱。

4. 认真做好库存现金保管工作。现金和有价证券必须在保险柜内，以确保安全。

5. 现金收支必须做到日清日结、账款相符，严禁用白条或原始凭证抵库。

6. 每项现金收入必须由会计开具票据、出纳收现，并在票上签字及盖上“现金收讫”戳记。

7. 现金收款票据必须设置多联，客户、会计、出纳、经办人各留一联，以便核对。

8. 各部门的收支款项都应通过财务会计处入账，任何部门和个人都不得自行保留现金，不得私设“小金库”。财务部应经常进行督促检查。

9. 财务部会计处在收支现金时，要严格审核现金收付凭证及所附单据是否合法、数额是否完整、签字手续是否齐备等，对不符合制度规定的应予以纠正或拒绝办理收付手续。

10. 各部门因工作需要留用一部分备用金时，应向财务会计处提出申请，经财务会计处总出纳审核批准后按规定办理。

11. 备用金支用不得超过规定范围和业务内容，不得移作他用或私人挪用。财务会计处将对各部门的备用金使用情况进行经常性的抽查。

12. 一切现金收支款项均须按业务性质分别填写“交款单”或“支款单”，并要写明收付的内容、用途及有关情况、金额，由有关人员审核盖章后方能办理收支现金手续。

（续）

（二）银行存款管理

1. 收支超过现金收支限额以上的款项，必须通过银行结算。

2. 实行计划控制的费用或物资采购在付款时应同时核实计划，超计划的部分必须按规定办理追补手续后方能付款。

3. 财务部必须严格遵守银行有关规定，不得将银行账户借给其他单位或个人办理结算，保管好空白支票及已用支票存根。

4. 严格审核各类银行结账凭证，及时办理银行收支业务并及时核对银行往来账单。如月末有未达账项，应查明原因，编制“银行余额调节表”。

5. 经办人员因业务需要，要求财务会计处签发银行转账支票或支付货款时，必须按规定办理手续，待业务结束或物资入库后，应及时办理报销销账手续。未及时办理销账手续者，按规定予以处罚。

6. 会计人员签发转账支票后，应进行登记并将支票项目填写齐全。不得签发空头支票，当无法明确收款单位名称、金额时，也应把支款用途、签发日期以及预计资金限额填写清楚。

二、流动资金管理

（一）储备资金

控制储备资金定额，核定各项原料、物资的最高、最低储存量，压缩库存，减少资金占用。

（二）应收账款

及时清理应收预付款，加强应收账款的催收，每月编制“往来明细表”和“应收账款账龄分析表”，采取措施加速资金回笼。

（三）银行存款管理

降低银行存款的沉淀资金，随时掌握资金动态。

（四）资金使用

做好资金调度和资金占用工作，分析考核资金的使用效果。

签阅栏		如同意下述两点，请在签阅栏处签字 （1）本人保证严格按此文件要求执行工作 （2）本人有责任在发现问题时，第一时间向本文件审批人提出修改意见			
相关说明					
编制人员		审核人员		审批人员	
编制日期		审核日期		审批日期	

二、融资管理规范

<table>
<tr><td colspan="2">酒店财务部服务标准与服务规范文件</td><td>文件编号</td><td></td><td>版本</td><td></td></tr>
<tr><td>标题</td><td>融资管理规范</td><td>发放日期</td><td colspan="3"></td></tr>
<tr><td colspan="6">1. 酒店筹集资金应该按国家法律、法规及旅游饮食服务行业的财务制度规定，一次或分期筹集。
2. 酒店资金的筹集可采用向银行或其他单位贷款、酒店内部积累资金等方式。
（1）酒店负债融资方式
①银行借款。银行贷款可分为长期贷款和短期贷款。长期贷款主要用于满足酒店长期资产投资和永久性流动资产需要；短期贷款主要用于满足酒店暂时的现金需要。
②发行债券。发行债券可以解决在一定时期对资金的需要，但是这种方式缺乏灵活性，具有很大的风险。在选择发行债券进行融资时，一定要认真考虑酒店的实际能力，避免陷入债务危机。
③融资租赁。当酒店需购买大型设备而又缺乏资金时，可以向租赁公司租用该设备，通过融物来达到融资目的。
④商业信用。商业信用是指从供应商处以应付货款和应付票据的方式筹集资金。这种融资方式偿还压力和风险较大，但成本低，有时甚至没有成本。
（2）酒店自有资金融资方式
①资本金。资本金的筹集主要是通过发行股票或集资的方式，酒店资本金按其投资主体不同可以分为国家资本金、法人资本金、个人资本金和外商资本金等。
②资本公积金。它是酒店资金来源的一个重要途径，主要包括资本溢价、法定财产重估增值、资本折算差额和接受捐赠等。
③留存收益。它是酒店经营所得利润的内部积累，是从税后净利润中提取而形成的，主要包括盈余公积金、公益金和未分配利润。
3. 筹集资金的审批权限及规定
（1）酒店根据需要可用原有的固定资产做抵押向银行或其他单位借款，向银行贷款时应经过酒店总经理批准。
（2）借款余额不得超过酒店实收资本。对于重大项目或借款余额已超过实收资本的____%以上的借款，应单独作出可行性报告并经总经理审批。
4. 对筹集到的资金，应严格按借款合同规定的用途使用，不许挪作他用。
5. 资金使用应严格按审批权限及规定程序办理，大额开支一般要事先列入财务计划，并应附有经济效益预测资料。</td></tr>
<tr><td>签阅栏</td><td colspan="2"></td><td colspan="3">如同意下述两点，请在签阅栏处签字
（1）本人保证严格按此文件要求执行工作
（2）本人有责任在发现问题时，第一时间向本文件审批人提出修改意见</td></tr>
</table>

（续）

相关说明					
编制人员		审核人员		审批人员	
编制日期		审核日期		审批日期	

三、定额管理规范

酒店财务部服务标准与服务规范文件		文件编号		版本	
标题	定额管理规范	发放日期			

一、定额管理概述

（一）定额的定义

定额是对酒店各种经济活动所规定的一种数量标准，也就是在一定的时间内，根据实际的经营和组织条件所规定的人力、财力的利用和消耗应遵守并达到的数量标准。

（二）定额制定标准

定额制定标准是指在目前经营条件下，经过努力，多数员工或部门可以达到、部分可以超过、少数可以接近的水平。

（三）定额体系

酒店的定额体系由一系列独立而又相互联系的定额构成。它是检验酒店管理水平、质量水平，衡量酒店经济效益、劳动生产率高低的重要依据。

二、定额计算方法

制定定额的方法有统计分析法、工作测定法、技术经济分析法和经验估计法。在实际工作中，酒店应根据不同的情况分别选用或同时选用数种方法，使定额的制定更加科学合理，有利于定额的贯彻执行。

（一）统计分析法

利用定额完成的记录和统计资料，经过整理分析并结合目前的条件来确定定额。

（二）工作测定法

通过对操作人员的实际工作测定来确定定额。

（三）技术经济分析法

采用现代数学方法和技术经济效果的分析来确定定额的方法。

（四）经验估计法

定额管理人员、酒店各部门管理人员和员工一起根据操作规程、业务特点、历史统计及酒店经营管理要求，凭工作经验来确定定额。

（续）

三、定额分类

（一）劳动定额

劳动定额是酒店在为客人提供服务过程中劳动量消耗的一种数量标准，包括酒店的劳动组合，岗位的人员配置及单位时间内所需完成的工作。其计算公式如下。

1. 酒店劳动生产率定额＝酒店营业收入总额÷酒店平均总人数

2. 酒店各经营部门劳动生产率定额＝部门营业收入总额÷该部门平均人数

3. 客房服务员劳动生产率定额＝客房出租总间天数÷（服务员人数×工作天数）

（二）物资消耗定额

物资消耗定额是在酒店目前经营条件下，为客人提供一定服务量所应消耗物资的数量标准，主要包括两个方面的消耗定额。

1. 客房物品消耗定额

客房物品消耗定额是客房出租每一间天所需消耗物品的数量标准，其计算公式如下。

（1）物品消耗量定额＝客房物品配备标准×客房出租间天数×（1－配备未使用系数）

（2）布件消耗量定额＝客房布件配备标准×出租间天数/布件可使用次数×（1－配备未使用系数）

（3）物品、布件消耗资金定额＝物品、布件消耗定额×单价

2. 食品原料成本定额

食品原料成本定额是餐厅为客人提供餐点所需消耗的食品原料的数量标准，计算公式如下。

（1）食品原料消耗定额＝菜点主辅料、调料配料标准

（2）食品原料成本率定额（综合食品成本）＝（1－食品综合毛利率）

$$=\frac{\sum \text{菜点主辅料、调料配料标准} \times \text{单价}}{\text{食品营业收入}}$$

（3）酒水原料成本率定额＝（1－酒水毛利率）$=\frac{\text{酒水原料总成本}}{\text{酒水营业收入}}$

（4）能源消耗定额。它是指酒店在经营活动过程中所需用的燃料油、液化气、水、电等物资的消耗限额，其标准由工程部参照历史经营情况、消耗水平进行制定。

（三）费用定额

按国家规定和费用开支的范围，费用定额分为变动费用和固定费用两种。

1. 变动费用

变动费用是指与酒店经营有直接联系，随经营状况变动而变动的费用。其费用定额的计算公式如下。

变动费用定额＝营业收入×变动费用率

（续）

<table>
<tr><td colspan="6">
2. 固定费用
固定费用是指与酒店经营活动无直接联系，相对固定的费用。这部分费用可参照年度费用计划标准执行。
四、实施定额管理
（一）定额管理原则
1. 酒店定额管理贯彻“集中领导、分级管理、专业分工”的原则，明确酒店、部门、班组各级定额管理的责任和权限，发挥员工工作主动性和积极性。
2. 定额管理各专业管理部门的分工主要指对分管的某项定额从修订、确定到下达、汇总和总结整个过程的分工管理，即实行“谁主管、谁负责”的原则。
（二）专业管理部门的分工
1. 人事行政部负责制定各类人员的劳动定额和劳动生产率。
2. 工程部负责制定能源消耗定额。
3. 财务会计处负责制定各类资金定额。
4. 成本控制处负责制定食品原料消耗定额，物品、低值易耗品消耗定额和各类费用定额。
（三）执行定额管理
1. 各专业管理部门应指定专人对分管的定额进行管理。
2. 财务部负责召集有关定额管理人员开展工作，协调各项定额之间的关系，平衡各类定额的水平。
3. 每年的 11 月份为酒店定额修订期，各分管部门的专业人员应依据本年度定额的执行情况和酒店的具体要求确定下一年定额水平，作为编制下一年综合计划的依据。
（四）定额执行部门的职责
1. 负责推行定额的实施，建立健全的原始记录、台账和统计报表，确保定额资料的齐全性、正确性和及时性。
2. 汇集定额管理的执行情况，结合实际提出分析结果与意见。
3. 协助专业管理部门修订下一年度的各类定额。
</td></tr>
<tr><td>签阅栏</td><td></td><td colspan="4">如同意下述两点，请在签阅栏处签字
（1）本人保证严格按此文件要求执行工作
（2）本人有责任在发现问题时，第一时间向本文件审批人提出修改意见</td></tr>
<tr><td>相关说明</td><td colspan="5"></td></tr>
<tr><td>编制人员</td><td></td><td>审核人员</td><td></td><td>审批人员</td><td></td></tr>
<tr><td>编制日期</td><td></td><td>审核日期</td><td></td><td>审批日期</td><td></td></tr>
</table>

四、财务分析管理规范

<table>
<tr><td colspan="2">酒店财务部服务标准与服务规范文件</td><td>文件编号</td><td></td><td>版本</td><td></td></tr>
<tr><td>标题</td><td>财务分析管理规范</td><td>发放日期</td><td colspan="3"></td></tr>
</table>

一、财务分析目的

酒店的管理者、主管部门和投资人、债权人对酒店的要求是不同的，其财务分析的目的也不一样。具体来说，酒店财务分析目的有以下5个方面。

（一）满足酒店内部管理需要

这是酒店财务分析的主要目的。酒店各级管理者要想努力实现自己的财务目标，必须了解自己掌握的财产及债务状况、经营中的收入及支出等情况，以便及时采取措施提高财务活动能力。

（二）满足酒店各部门需要

酒店各部门进行行业管理和资产管理需要财务分析。

（三）满足酒店投资人需要

酒店投资人需要对酒店的盈利能力和营运能力进行了解。投资人与酒店有着患难与共的密切关系，他们需要通过财务分析及时获得酒店的一切重要信息。

（四）满足酒店债权人需要

酒店短期负债的债权人必须了解酒店的流动负债偿债能力；长期负债的债权人则必须考虑酒店的经营方向、偿还长期负债本息的能力。

（五）满足酒店经营伙伴需要

酒店要不断与其他旅游企业及其他行业的经济单位发生各种经济联系，进行广泛的合作。这些经营伙伴通过财务分析，可以尽快了解酒店的资信情况和业务能力。

二、财务分析内容

（一）进行月度、季度财务分析

1. 酒店财务管理人员将酒店各部门预算完成情况进行汇总，进而分析酒店的总体预算完成情况。

2. 主要分析收入、成本费用、利润、现金流量等指标的预算完成情况，对引起差异的主要原因进行研究并提出改进措施，然后上报酒店领导审阅。

（二）进行半年度、年度财务分析

财务管理人员根据酒店的报表分析酒店的总体经营能力，分析内容包括以下4个方面。

1. 盈利能力：净利率、净资产收益率等。

2. 变现能力：流动比率、速动比率等。

3. 偿债能力：资产负债率、已获利息倍数等。

4. 资产营运能力：应收账款周转率、总资产周转率等。

财务部要不断积累资料，以便开展财务趋势分析。

（续）

（三）搜集资料

酒店财务部财务管理人员要定期或不定期地开展酒店内外环境分析，搜集资料，研究国内外行业发展动态、竞争对手情况、国家相关产业政策等与酒店的经营密切相关的因素。

三、财务分析形式

财务分析形式有以下 4 种。

（一）全面分析

对酒店财务活动情况进行比较全面系统的分析，考核酒店经营过程中取得的成绩和存在的问题，主要适用于半年度和年度财务分析。

（二）重点分析

对一些主要财务指标或一些重点问题进行分析，考核酒店经营管理方面的主要情况和发展趋势，主要适用于月度、季度财务分析。

（三）专题分析

对某个专项问题或某个薄弱环节进行单独分析，以便及时解决问题、改进工作。这种分析根据需要不定期进行。

（四）典型分析

对某些典型部门或事例进行及时分析，以便总结典型经验，推动全面工作。

四、财务分析的方法

（一）比较法

比较法又称对比分析法，是财务分析的基本方法。它通过同名指标相互间所进行的对比来确定指标间的差距。一般常用的对比法有以下 3 种。

1. 以计划为标准。将报告期实际数与同期的计划数相比。通过这种对比，可以使酒店了解计划的完成情况、进度，发现实际结果是否符合期望或理想的标准，以便及时采取必要的解决措施。

2. 以历史为标准。将报告期实际数与去年同期或酒店历史最好水平相比，即纵向对比。

3. 以同行业为标准。将报告期实际数与本地同行业的平均水平、先进水平相比，或是与国内外同行业的水平相比，即横向对比。

（二）因素替换法

因素替换法也称因素分析法或连环替代法。它是在运用比较法找出差异的基础上，就影响经济指标的各个因素的影响程度进行分析的一种方法，其具体做法如下。

1. 列举因素。根据所要分析的经济指标列举构成这一指标的各个因素。

2. 排列因素。按照各个因素相互之间的依存关系对因素加以排列。

3. 分别测定各因素对指标的影响。按照一定的顺序，依次将影响指标的各个因素的实际数代入排列的算式，并计算其结果。再将逐次替换计算出的结果与前面的结果相比较，以测算出各个变动因素对指标的影响程度。

4. 汇总各因素对财务分析各个指标的影响。

（续）

<table>
<tr><td colspan="6">

五、财务分析报告

为使财务分析发挥应有的作用，酒店每次进行财务分析都应撰写财务分析报告，并定期或不定期呈交酒店领导审阅。财务分析报告的主要内容如下。

（一）对财务状况和经营情况进行总体评价

将酒店标准、行业标准或平均值与酒店实际值进行对比，或根据财务指标深入分析的结果来进行评价，要求既要肯定成绩，又要指明问题。

（二）指标对比表

这是分析评价的基础。对各种能力分析指标，要将有关标准（预算或行业先进水平等）和实际值进行对比，并编制汇总表，以便阅读。

（三）原因分析

分析报告要有文字分析、图表分析；要由粗到细，由浅入深，层层分析；要既有数据分析又有文字说明。

（四）改进经营管理的措施

在报告最后需说明改进经营管理的措施，一般包括业务技术措施和组织措施。这些措施要具体、可行，且要进行价值分析。

</td></tr>
<tr><td>签阅栏</td><td></td><td colspan="4">如同意下述两点，请在签阅栏处签字
（1）本人保证严格按此文件要求执行工作
（2）本人有责任在发现问题时，第一时间向本文件审批人提出修改意见</td></tr>
<tr><td>相关说明</td><td colspan="5"></td></tr>
<tr><td>编制人员</td><td></td><td>审核人员</td><td></td><td>审批人员</td><td></td></tr>
<tr><td>编制日期</td><td></td><td>审核日期</td><td></td><td>审批日期</td><td></td></tr>
</table>

五、资金管理工作标准

<table>
<tr><td colspan="2">酒店财务部服务标准与服务规范文件</td><td>文件编号</td><td></td><td>版本</td><td></td></tr>
<tr><td>标题</td><td>资金管理工作标准</td><td>发放日期</td><td colspan="3"></td></tr>
<tr><td colspan="6">1. 货币资金管理必须符合有关制度规定。
2. 往来核算账目清晰，无呆账、坏账。
3. 空白支票与酒店银行印签要分人保管。
4. 按日核对银行存款余额是否相符，银行未达款项要及时核对入账。</td></tr>
</table>

（续）

<table>
<tr><td colspan="6">5. 库存现金不以“白条”抵库，不坐支现金，及时做好差错记录，按权限审批处理。
6. 现金、银行付款手续完备，并在原始凭证上加盖“现金付讫”或“银行付讫”章。
7. 现金、银行支票收入必须在交款单上加盖收款员私章。收入现金要仔细辨别真伪；收入支票要验看有无身份证登记、大小写金额是否相符、印签是否清晰等。</td></tr>
<tr><td>签阅栏</td><td></td><td colspan="4">如同意下述两点，请在签阅栏处签字
（1）本人保证严格按此文件要求执行工作
（2）本人有责任在发现问题时，第一时间向本文件审批人提出修改意见</td></tr>
<tr><td>相关说明</td><td colspan="5"></td></tr>
<tr><td>编制人员</td><td></td><td>审核人员</td><td></td><td>审批人员</td><td></td></tr>
<tr><td>编制日期</td><td></td><td>审核日期</td><td></td><td>审批日期</td><td></td></tr>
</table>

第五节　财务处服务常用文书与表单

一、财务预算申请表

编号：　　　　　　　　　　　　　　　　　　　　日期：____年____月____日

<table>
<tr><td>预算项目</td><td>上年度实际支出</td><td>本年度预算申报金额</td><td>用途</td><td>说明</td></tr>
<tr><td></td><td></td><td></td><td></td><td></td></tr>
<tr><td></td><td></td><td></td><td></td><td></td></tr>
<tr><td></td><td></td><td></td><td></td><td></td></tr>
<tr><td></td><td></td><td></td><td></td><td></td></tr>
<tr><td></td><td></td><td></td><td></td><td></td></tr>
<tr><td></td><td></td><td></td><td></td><td></td></tr>
<tr><td></td><td></td><td></td><td></td><td></td></tr>
<tr><td>审核意见</td><td colspan="4"></td></tr>
</table>

二、预算变更申请表

部门：　　　　　　　　　　　　　　　　　　　　　　　　　　　　　　　日期：____年____月____日

<table>
<tr><td>变更类别</td><td colspan="2">□预算调整</td><td colspan="2">□预算增加</td><td>□预算追减</td></tr>
<tr><td>预算科目</td><td>细项说明</td><td>原核定预算</td><td>拟变更内容</td><td>调整幅度</td><td>申请理由</td></tr>
<tr><td></td><td></td><td></td><td></td><td></td><td></td></tr>
<tr><td></td><td></td><td></td><td></td><td></td><td></td></tr>
<tr><td>批示</td><td colspan="5"></td></tr>
</table>

三、投资效益预测表

<table>
<tr><td rowspan="2">投资名称</td><td colspan="2">投资种类</td><td rowspan="2">预计投资金额</td><td rowspan="2">已支付金额</td><td colspan="4">估计收益情况</td></tr>
<tr><td>□金融投资</td><td>□实物投资</td><td>金额</td><td>收益期间</td><td>回收期</td><td>收益率</td></tr>
<tr><td></td><td colspan="2"></td><td></td><td></td><td></td><td></td><td></td><td></td></tr>
<tr><td></td><td colspan="2"></td><td></td><td></td><td></td><td></td><td></td><td></td></tr>
<tr><td></td><td colspan="2"></td><td></td><td></td><td></td><td></td><td></td><td></td></tr>
<tr><td></td><td colspan="2"></td><td></td><td></td><td></td><td></td><td></td><td></td></tr>
</table>

四、投资效益分析表

编号：　　　　　　　　　　　　　　　　　　　　　　　　　　　　　　日期：____年____月____日

<table>
<tr><td rowspan="4">投资类别</td><td colspan="2" rowspan="2">□实物投资</td><td rowspan="2">□对内投资
□对外投资</td><td rowspan="4">投资方案说明</td><td colspan="2" rowspan="4"></td><td>投资有效期</td><td></td></tr>
<tr><td>开始日期</td><td></td></tr>
<tr><td colspan="2" rowspan="2">□金融投资</td><td rowspan="2">□对内投资
□对外投资</td><td>负责部门</td><td></td></tr>
<tr><td>利息计算法</td><td></td></tr>
<tr><td rowspan="4">投资收益分析</td><td>年度</td><td>投资收益说明</td><td>投资收益来源</td><td>当期收益金额</td><td>累计收益总额</td><td>当期投资金额</td><td>累计投资总额</td><td>净利益</td></tr>
<tr><td></td><td></td><td></td><td></td><td></td><td></td><td></td><td></td></tr>
<tr><td></td><td></td><td></td><td></td><td></td><td></td><td></td><td></td></tr>
<tr><td colspan="2">合计</td><td></td><td></td><td></td><td></td><td></td><td></td></tr>
<tr><td>回收期限</td><td colspan="2"></td><td>利益总额</td><td></td><td>投资评价</td><td colspan="3">□良好　□尚可　□不佳</td></tr>
</table>

五、酒店融资成本分析表

单位：元

项目 \ 对比分析期	____年	____年	差值
主权融资（所有者权益）			
负债融资			
融资总额			
息税前利润			
减：利息等负债融资成本			
筹集费用			
税前利润			
减：所得税			
税后利润			
减：应交特种基金			
提取盈余公积金			
本年实际可分配利润			
本年资本（股本）利润率			
本年负债融资成本率			

六、融资风险变动分析表

编号：　　　　　　　　　　日期：____年____月____日

项目	____年				____年				差异（比重）	
	年初数	期末数	平均数	比重	年初数	期末数	平均数	比重	比重差	升降值
流动负债										
长期负债										
负债合计										
所有者权益										
融资总额										

第六节 财务处服务质量提升方案

一、全面预算管理方案

标题	全面预算管理方案		文件编号		版本	
执行部门		监督部门		考证部门		

一、目的

为配合酒店总体经营战略及年度经营计划的实现，及加强对酒店各部门的控制与指导，通过预算的编制和执行情况来评价酒店各部门的经营业绩，改进各部门经营过程中的不足。

二、编制范围

酒店实行全面预算管理，所有收、支都必须纳入预算编制范围。

三、组织机构

（一）成立预算组织机构

酒店的预算管理由总经理负责，并设立专门的组织机构负责预算的编制、审核、调整、执行和控制。

（二）预算管理机构的构成

1. 预算管理委员会：由总经理、总监、部门经理等管理人员组成。

2. 酒店预算工作小组：由财务部财务处人员组成。

（三）预算管理机构的职责

1. 预算管理委员会

（1）根据酒店年度经营战略提出预算编制的方针和指导思想，处理预算编制中出现的重大问题。

（2）审查并确定最后预算汇总的各项指标。根据年中出现的重大变化确定预算调整方案。

（3）定期或不定期地检查和监督各项预算的执行和控制情况。

2. 酒店预算工作小组

（1）根据预算管理委员会确定的预算编制方针和指导思想，将编制任务下达给酒店各部门。

（2）汇总各部门草拟的分部计划，并测算平衡反馈各部门。指导督促各部门的预算编制工作。

（3）汇总、编制总预算，检查、控制各项预算的执行，并进行预算考核。

四、编制预算

（一）编制预算的原则

1. 预算确定的目标既要具有科学性、先进性，又要具有可实现性。

2. 预算要落实到酒店各部门，并分解到各个月度和季度，使各部门明确各自的目标和责任。

3. 预算制定要与各部门的目标责任制结合起来，并与奖惩相结合。

（续）

4. 预算的综合平衡要统筹兼顾、适当安排，并要处理好局部与全部的关系，树立酒店整体观念，各部门的综合平衡应服从酒店的总体平衡。

5. 酒店年度预算要与酒店的中、长期发展规划相衔接。

（二）编制预算的方法

1. 传统预算

将上年度的预算加、减本年度预计变动因素而得到。

2. 零基预算

以零为基数的计划编制方法。即不考虑上期经营情况，根据经营目标，每次预算从零开始。

3. 弹性预算

通过确认不同的成本状态，使其随着业务量的变动而变动的一种预算方法。

4. 滚动预算

（1）随着各种因素的变化，按照既定的计划周期循环不断地进行协调平衡和序时滚动的方法。

（2）年度滚动预算的基本内容就是使预算期保持 12 个月，每过 1 个月立即在期末增加 1 个月的预算，逐期往后滚动。

5. 酒店可根据自己的实际需要，对不同的预算及预算中的不同内容交替采用上述各种方法，使酒店的各项预算更符合酒店的实际情况。

（三）编制预算的程序

1. 总经理召集酒店预算管理委员会会议，根据酒店的经营方针、计划及设计思想，提出预算大纲及指导思想。

2. 酒店预算工作小组根据预算管理委员会提出的预算大纲及指导思想将预算编制任务分解下达给酒店各部门。

3. 酒店各部门编制预算草案，交酒店预算小组审阅。

4. 酒店预算小组汇总各部门预算，并经测算、平衡、审核后，将预算初稿上报预算管理委员会。

5. 预算管理委员会讨论初稿，提出修改意见。

6. 酒店预算工作小组对酒店各部门下达预算管理委员会的修改意见。

7. 酒店各部门修改有关预算，再报酒店预算工作小组。

8. 酒店预算工作小组再次汇总修改后的各项预算，并编制酒店经营总预算呈报预算管理委员会。

9. 预算管理委员会通过总预算，由酒店财务部经理在总经理的领导下组织各部门执行。

五、执行与控制预算

（一）执行预算

1. 酒店预算一经批准下达，必须组织实施，将预算指标层层分解落实到各部门、各业务环节和各岗位，形成全方位的预算执行责任体系。

2. 酒店预算作为预算期内组织、协调各项经营活动的基本依据，根据管理需要可以细化到月度和季度。

（续）

<table>
<tr><td colspan="2">

3. 各预算执行单位要建立预算管理登记簿，健全凭证记录，按预算的项目详细记录预算额、实际发生额、差异额，以及累计预算额、累积实际发生额等数据。对预算执行中出现的异常情况，预算责任人应及时查明原因，提出解决办法。
（二）控制预算
1. 财务部负责监督预算执行过程。不可预见费用在预备费数额之内的，由总经理直接控制。
2. 财务部以及预算管理委员会应该对预算执行过程中出现的新问题、新情况以及偏差较大的重大项目，责成有关部门查明原因，提出改进经营管理的措施和建议。
3. 财务部应利用财务报表监控财务预算的执行进度、执行差异及其对酒店财务预算目标的影响等信息，促进酒店完成预算目标。
4. 费用预算的实行不可突破相关规定，预算项目之间不得挪用。费用预算如遇特殊情况确需突破时，必须提出申请说明原因，经总经理批准后纳入预算内不可预见费用。
六、调整预算
（一）年度预算调整
1. 年度预算是酒店进行经营的指导性依据，无特殊情况一般不作调整。
2. 由于外部环境、内部管理和资源条件发生重大变化，导致预算的编制基础不成立，或者将导致预算执行结果产生重大偏差的，可以由预算管理委员会调整年度预算。
（二）基本业务与特殊业务预算的调整
1. 预算调整事项不能偏离酒店发展战略和年度财务预算目标。
2. 预算调整方案应当在经济上实现最优化。
3. 预算调整重点应当放在预算执行中出现的重要的、非正常的、不符合常规的关键性差异方面。
七、反馈与考核
（一）分析与反馈
1. 酒店各部门必须做好季度、年度的预算执行总结报告，一般应在季度终了 10 天和年度终了 20 天内完成。
2. 总结报告内容包括各项预算的执行情况，实际与目标的差异，原因分析以及改进的措施。
3. 酒店财务部必须做好酒店的月度、季度、年度的经济活动分析，并对各项预算执行中存在的问题进行分析，提出改进措施和建议，供酒店领导进行决策。
4. 月度、季度、年度的经济活动分析报告需分别在月度终了 7 天、季度终了 10 天、年度终了 15 天内上报总经理。
（二）考核
1. 预算结束后，酒店预算管理委员会应当向总经理报告全面预算的执行情况，并依据全面预算完成情况和全面预算审计情况对酒店各部门进行考核。
2. 根据酒店制度对责任方进行考核，提出考评意见，由酒店总经理对各责任方实施奖惩。

</td></tr>
<tr><td>相关说明</td><td></td></tr>
</table>

二、投资项目管理方案

<table>
<tr><td>标题</td><td colspan="2">投资项目管理方案</td><td>文件编号</td><td></td><td>版本</td><td></td></tr>
<tr><td>执行部门</td><td></td><td>监督部门</td><td></td><td>考证部门</td><td colspan="2"></td></tr>
<tr><td colspan="7">
一、投资分类
1. 按投资存在形式的分类，分为实物投资和金融投资。
2. 按回收时间的分类，分为长期投资和短期投资。
3. 按投资方向的分类，分为对外投资和对内投资。
4. 按投资在再生产的过程作用的分类，分为初创投资和后续投资。
二、投资决策的评价方法
（一）净现值法
净现值是指投资方案未来期间内现金流入量的现值和现金流出量的现值之差。净现值法就是根据项目的净现值大小判定投资项目可行性的方法。
（二）投资收益率法
投资收益率是指投资方案在未来期间现金净流入量的现值与初始投资额的现值之比，即单位投资额在未来期间可获得的收益现值的水平。
（三）动态投资回收期法
动态投资回收期是指用投资项目投产收所得的现金净流入量现值来回收初始投资所需时间。回收期表明了初始投资的回收速度。
（四）内含报酬率法
内含报酬率是指能够使未来现金流入量现值等于未来现金流出量现值的贴现率，即投资方案中净现值为零的贴现率。
三、投资项目的初选与分析
（一）投资项目初选原则
1. 各投资项目的选择应以酒店的战略方针和长远规划为依据，综合考虑餐饮旅游行业的主导方向及产业间的结构平衡，以实现投资组合的最优化。
2. 各投资项目的选择均应经过充分调查研究，并由投融资专员提供准确、详细的资料及书面可行性分析报告，财务部对报告内容的可靠性、真实性和有效性负责。
（二）项目分析内容
1. 市场状况分析。
2. 投资回报率。
3. 投资风险（法律风险、政治风险、汇率风险、市场风险、经营风险）。
4. 投资流动性、投资占用时间、投资管理难度、税收优惠条件。
5. 对实际资产和经营控制的能力、投资的预期成本、投资项目的筹资能力。
</td></tr>
</table>

（续）

6. 投资的外部环境及社会法律约束。

四、投资项目审批与立项

（一）投资项目的审批权限

1. 酒店投资项目应报总经理批准。

2. 超过最近一期经审计的净资产____%或绝对金额达____万元人民币的投资项目应由董事会审议通过后报股东大会审议。

3. 凡投资____万元以上的项目均列为重大投资项目，应由酒店财务部在原项目建议书、可行性报告及实施方案的基础上提出初审意见，报酒店财务总监审核后按项目审批权限呈送总经理审批。

4. 总经理应对重大项目的合法性和前期工作内容的完整性，基础数据的准确性，财务预算的可行性及项目规模、时机等因素进行全面审核。必要时，可指派专人对项目再次进行实地考察，或聘请专家论证小组对项目进行专业性的科学论证，以加强对项目的深入认识和了解，确保项目投资的可靠和可行。

（二）确立投资项目

1. 投资项目确立后，凡确定为酒店直接实施的项目由酒店法定代表人或授权委托人对外签署经济合同书及办理相关手续。

2. 各投资项目负责人由总经理委派，并对总经理负责。

3. 各投资项目的业务班子由项目负责人组织，报总经理核准。

五、项目运作与管理

（一）项目运作管理原则

项目的运作管理原则上由投资项目负责人负责，并由酒店采取总量控制、财务监督、业绩考核的管理方式进行管理。

（二）账务处理

1. 凡是酒店持股及合作开发项目未列入会计报表合并的，应通过委派业务人员以投资者或股东身份积极参与合作和开展工作，了解被投资企业的经营情况，维护酒店权益。

2. 委派的业务人员应于每季度（最长不超过半年）向酒店递交被投资企业资产及经营情况的书面报告，年度应随附董事会及股东大会相关资料。因故未委派人员的，由财务部代表酒店按上述要求进行必要的跟踪管理。

3. 对于证券投资等高风险投资项目，需要上报酒店董事会并采用专门的投资程序和保障、监控制度，具体办法将视具体的投资情况由董事会讨论后决定。

六、项目的变更与结束

（一）投资项目的变更

1. 投资项目变更包括：发展延伸、投资的增减或滚动使用、规模扩大或缩小、后续或转产、中止或合同修订等。

2. 投资项目的变更由项目负责人书面报告变更理由，按报批程序及权限报送酒店有关领导审定。重大的变更应参照立项程序予以确认。

（续）

<table>
<tr><td colspan="2">3. 项目负责人在实施项目运作期间如发生工作变动，应主动做好善后工作。属酒店内部调动的，须向继任人交接清楚方能离岗；属个人卸任或离职的，必须承担相应的经济损失。如有违者，应对其造成的后果追究责任。
（二）投资项目结束
1. 投资项目中止或结束时，项目负责人及相应机构应及时总结清理，并以书面形式报告酒店。
2. 属全资及控股项目的，由酒店总经理负责汇总整理，经酒店统一审定后责成有关部门办理相关清理手续。
3. 属持股或合作项目的，由财务部负责汇总整理，经酒店统一审定后责成有关部门办理相关清理手续。如有未解决的问题，项目负责人必须彻底跟进解决，不得拖延推诿。</td></tr>
<tr><td>相关说明</td><td></td></tr>
</table>

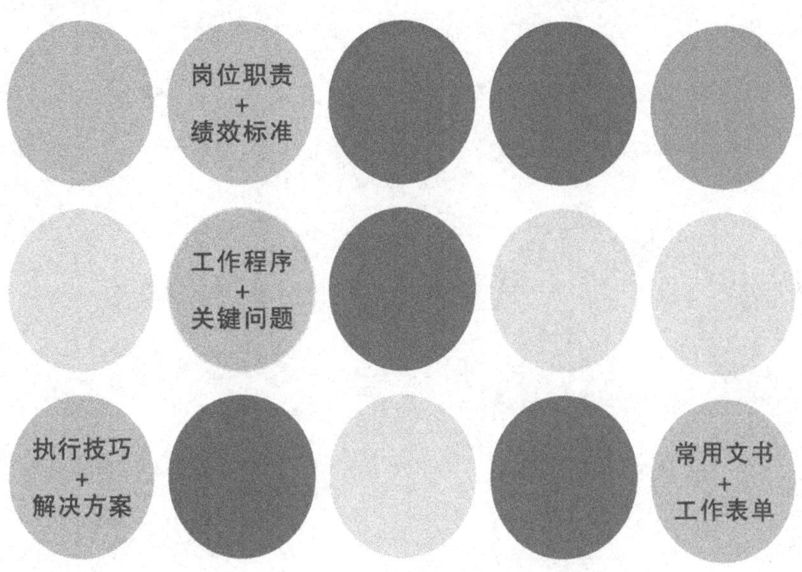

第六章

采购处精细化管理

第一节　采购处岗位描述

一、采购处岗位设置

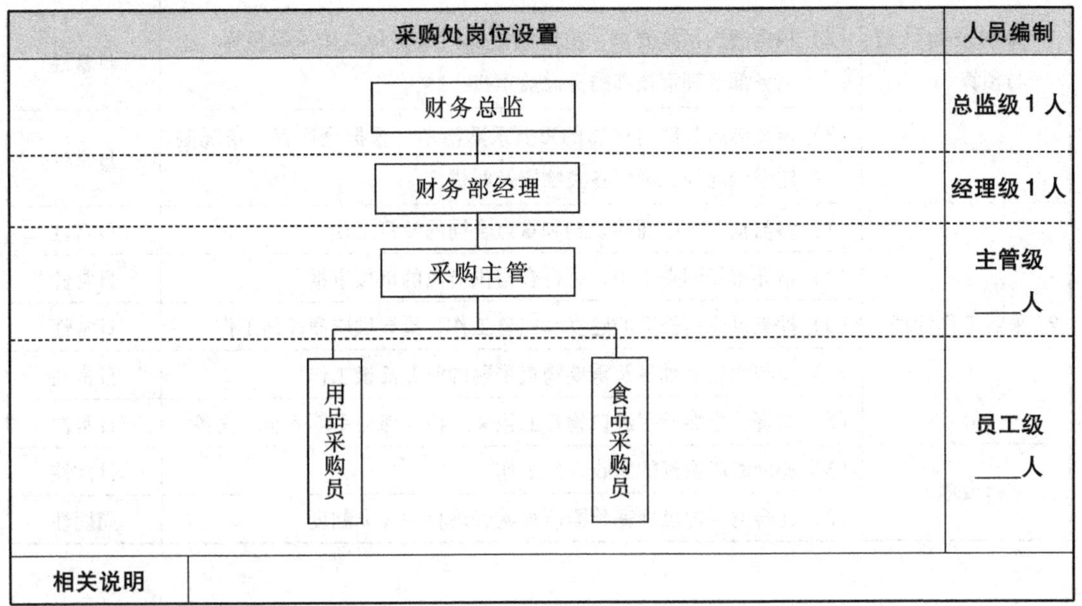

采购处岗位设置	人员编制
财务总监	总监级 1 人
财务部经理	经理级 1 人
采购主管	主管级 ____人
用品采购员、食品采购员	员工级 ____人
相关说明	

二、采购主管岗位职责

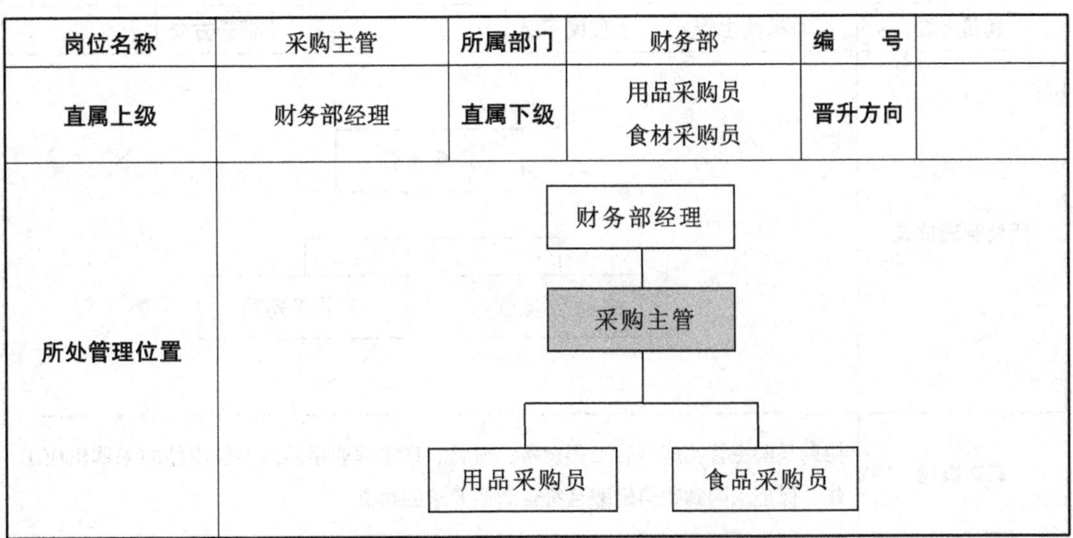

岗位名称	采购主管	所属部门	财务部	编　号	
直属上级	财务部经理	直属下级	用品采购员 食材采购员	晋升方向	
所处管理位置	财务部经理 → 采购主管 → 用品采购员、食品采购员				

（续）

职责概述	协助财务部经理负责酒店各类物资的采购，提高物资采购质量，严格控制采购成本	
职责	职责细分	职责类别
1. 编制采购计划与预算	（1）制定年度、月度采购计划与预算，报主管领导审批后组织实施	周期性
	（2）根据酒店预算要求，组织编制部门预算和总体采购预算，报财务部经理审核和财务总监审批	日常性
	（3）审核酒店各部门呈递的重要采购清单，根据仓库存货情况制定采购计划，确保各类物资及时供应	日常性
2. 采购工作管理	（1）参与重要供应商的谈判和重点合同的签订工作	日常性
	（2）指导市场调查工作，进行合格供应商的审核审批	日常性
	（3）抽查供应商档案的建立和完善工作，指导供应商评估工作	日常性
	（4）参与酒店大批量及重要物资采购的业务洽谈工作	日常性
	（5）监督、指导所有进口物资的报关工作，保证手续齐全、完备	日常性
3. 其他事项	（1）协助酒店物资的验收入库工作	日常性
	（2）配合财务部经理完善酒店采购管理相关规章制度	周期性

三、用品采购员岗位职责

岗位名称	用品采购员	所属部门	财务部	编　　号	
直属上级	采购主管	直属下级		晋升方向	
所处管理位置	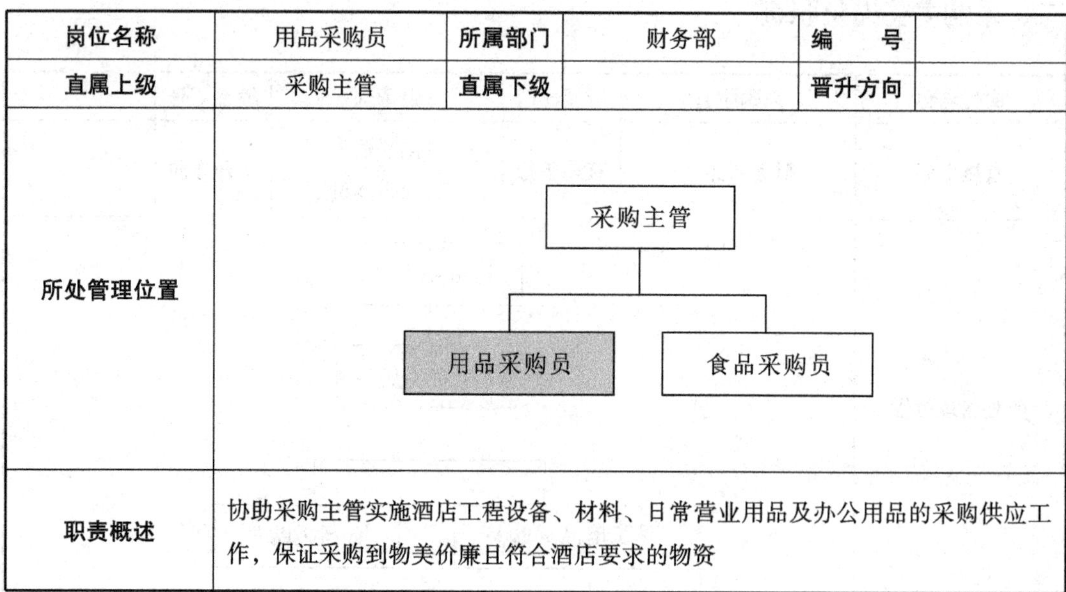				
职责概述	协助采购主管实施酒店工程设备、材料、日常营业用品及办公用品的采购供应工作，保证采购到物美价廉且符合酒店要求的物资				

（续）

职责	职责细分	职责类别
1. 执行市场调研	（1）调查所需用品的行业情况，实时掌握常购酒店类用品的市场需求、供应动态、市场价格等信息，并编制市场调研报告	日常性
	（2）不断开发货源渠道，向采购主管提供市场信息，推荐新供应商及信息	日常性
2. 执行用品采购	（1）负责进行单项用品的询价、议价等具体的采购工作	日常性
	（2）与供应商协商采购合同的具体条款，根据授权代表酒店与供应商签订合同	日常性
	（3）批量大的订制用品要签订购货合同，上报主管审批后实施订货	日常性
3. 执行订单并跟踪订单执行情况	（1）根据采购申请填制采购订单，并与供应商联系订单执行事宜	日常性
	（2）负责跟踪订单执行情况，跟催未到货的采购订单	日常性
	（3）根据订单确认内容对供应商交货情况进行跟踪落实	日常性
4. 货款结算	（1）按采购合同条款规定及供应商交货情况，为供应商办理结款手续	日常性
	（2）负责每天现金或支票采购的报销工作	日常性
5. 供应商管理	（1）及时收集、整理供应商信息资料，建立供应商档案	日常性
	（2）根据与供应商合作记录和市场调查资料，及时更新供应商档案	日常性
	（3）协助做好供应商定期考核与评估工作，及时编制供应商评估报告	周期性

四、食品采购员岗位职责

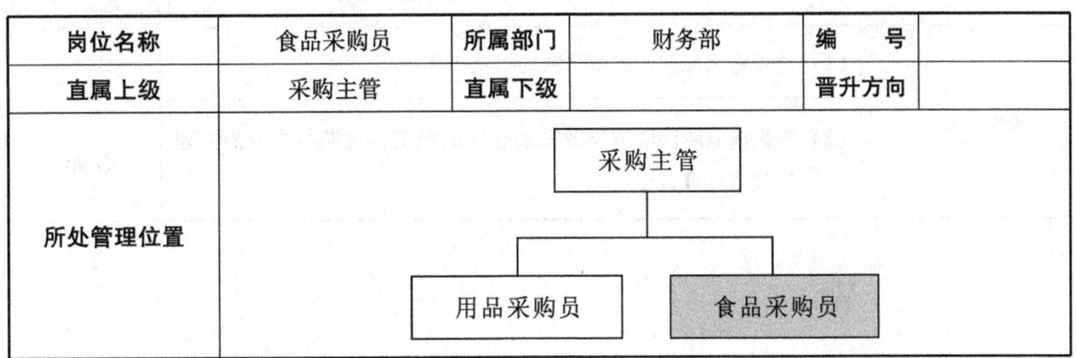

岗位名称	食品采购员	所属部门	财务部	编　号	
直属上级	采购主管	直属下级		晋升方向	
所处管理位置	采购主管 用品采购员　食品采购员				

（续）

职责概述	具体执行酒店运营所需的各种食品、食品原材料及酒水饮料的采购供应工作，保证厨房、酒吧及其他使用部门运营所需的食品、酒水等供应及时	
职责	职责细分	职责类别
1. 供应商信息调研	（1）搜集、分析食品供应商信息，建立供应商档案	日常性
	（2）负责定期进行整理、分析，更新供应商档案工作	周期性
	（3）根据自己的判断，提出对食品供应商采取的管理对策	日常性
2. 采购比价	（1）了解各类食品需求，及时掌握市场供应情况	日常性
	（2）负责季节性产品特性和价格变换，对市场上的新产品、新价格及时向领导汇报	日常性
	（3）根据酒店要求，货比三家，选择物美价廉的食品供应商，报上级领导审批	日常性
3. 执行食品采购	（1）负责受理各部门请购单及请购计划，并开展报价、议价和填制工作	日常性
	（2）根据审批结果，协助开展与食品供应商签订供应合同	日常性
	（3）负责向食品供应商下达采购订单，并跟踪订单执行情况及供货情况	日常性
	（4）及时通知收货人员、厨房及相关人员及时到指定地点收货，清点数量、检查食品及酒水质量	日常性
	（5）负责办理不合格、不符合要求食品的退换货工作	日常性
4. 采购结算	（1）负责每天现金或支票采购的报销工作	日常性
	（2）根据供应商供应情况及采购合同的规定，定期与供应商办理货款结算事宜	周期性

第二节　采购处岗位绩效考核量表

一、采购主管绩效考核量表

序号	考核内容	考核指标及目标值	考核实施	
			考核人	考核结果
1	制订酒店各类物资采购计划，并组织执行	采购计划完成率达到____%以上		
2	控制采购成本及费用支出	采购成本及费用支出应控制在预算范围之内		
3	组织开展酒店所有物资的采购	物资质量合格率达到____%		
		物资采购及时率达到100%		
4	供应商管理	供应商履约率达到____%以上		
		供应商开发计划完成率达____%		

二、用品采购员绩效考核量表

序号	考核内容	考核指标及目标值	考核实施	
			考核人	考核结果
1	进行市场调查，编写市场调查报告	市场调查报告内容全面、价格准确		
		市场调查报告提交及时率达到100%		
2	实施酒店用品采购	采购任务按时完成率达到____%以上		
		采购用品质量合格率达到____%以上		
3	跟踪采购订单执行情况	采购用品到货及时率达到100%		
4	为供应商办理货款结算	货款结算差错率控制在____%以内		
5	供应商管理	供应商档案信息完备、更新及时		
		供应商满意度评分达____分以上		

三、食品采购员绩效考核量表

序号	考核内容	考核指标及目标值	考核实施	
			考核人	考核结果
1	食品采购询价、比价	询价、比价的结果真实、准确，领导满意度评价在____分以上		
2	执行食品的具体采购	采购食品按时完成率达到100%		
		采购食品质量合格率达到____%以上		
3	对不符合酒店要求食品进行办退换货工作	退换货办理及时率达到100%		
4	更新、整理供应商档案	供应商档案更新及时率达到100%		

第三节　采购处工作程序与关键问题

一、酒店采购工作程序与关键问题

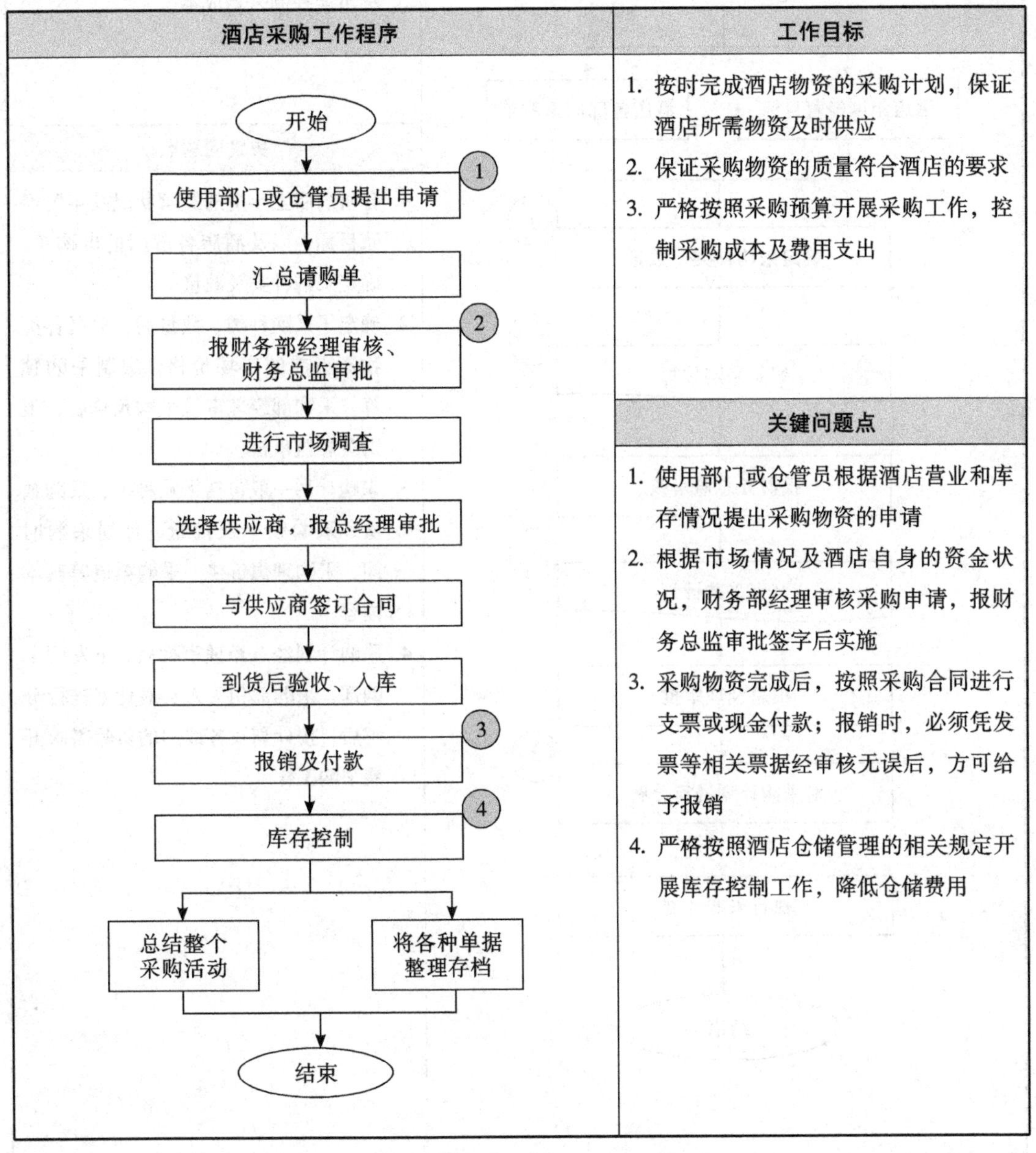

工作目标

1. 按时完成酒店物资的采购计划，保证酒店所需物资及时供应
2. 保证采购物资的质量符合酒店的要求
3. 严格按照采购预算开展采购工作，控制采购成本及费用支出

关键问题点

1. 使用部门或仓管员根据酒店营业和库存情况提出采购物资的申请
2. 根据市场情况及酒店自身的资金状况，财务部经理审核采购申请，报财务总监审批签字后实施
3. 采购物资完成后，按照采购合同进行支票或现金付款；报销时，必须凭发票等相关票据经审核无误后，方可给予报销
4. 严格按照酒店仓储管理的相关规定开展库存控制工作，降低仓储费用

二、采购计划编制程序与关键问题

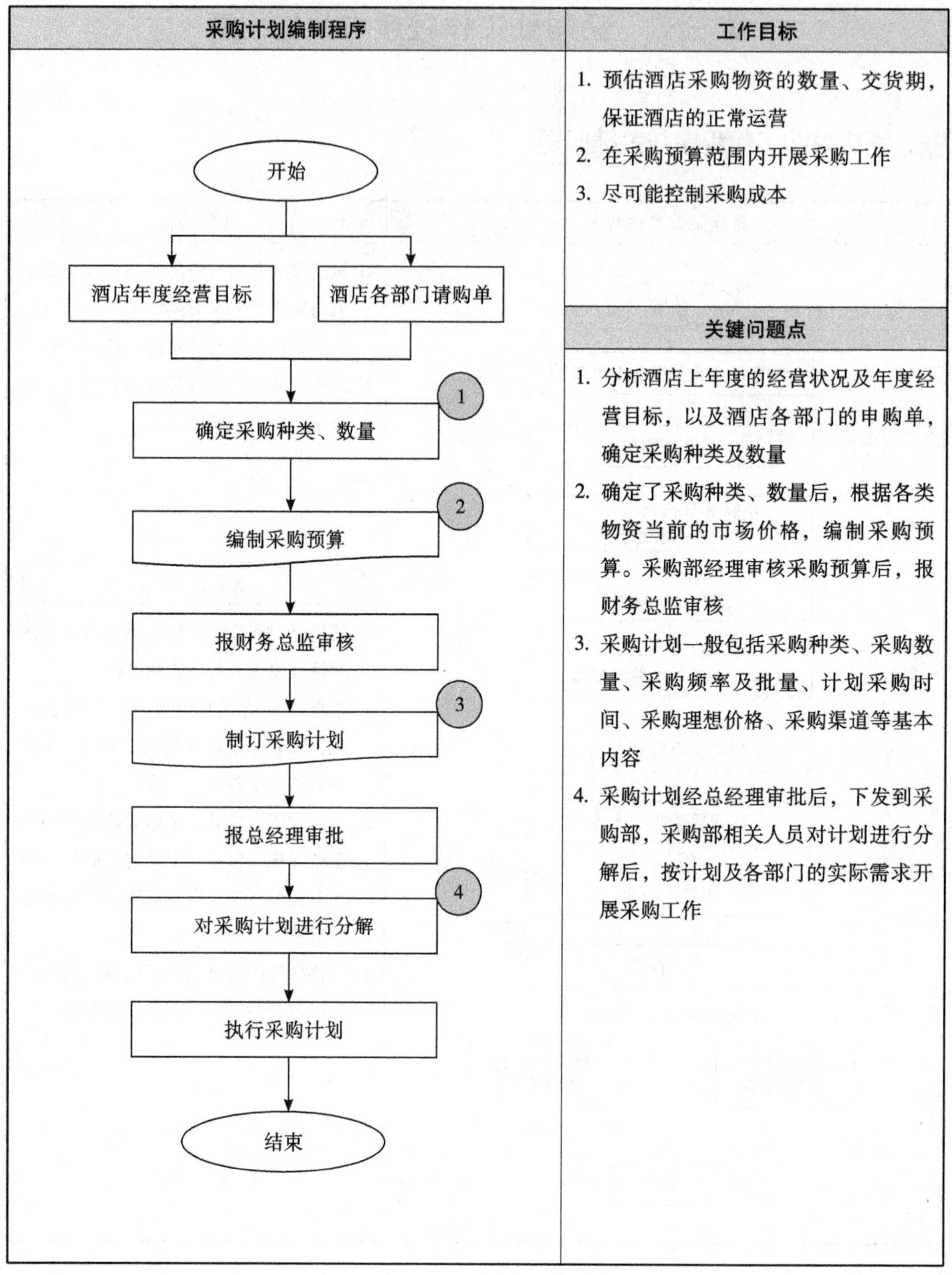

工作目标
1. 预估酒店采购物资的数量、交货期，保证酒店的正常运营 2. 在采购预算范围内开展采购工作 3. 尽可能控制采购成本

关键问题点
1. 分析酒店上年度的经营状况及年度经营目标，以及酒店各部门的申购单，确定采购种类及数量 2. 确定了采购种类、数量后，根据各类物资当前的市场价格，编制采购预算。采购部经理审核采购预算后，报财务总监审核 3. 采购计划一般包括采购种类、采购数量、采购频率及批量、计划采购时间、采购理想价格、采购渠道等基本内容 4. 采购计划经总经理审批后，下发到采购部，采购部相关人员对计划进行分解后，按计划及各部门的实际需求开展采购工作

三、供应商筛选工作程序与关键问题

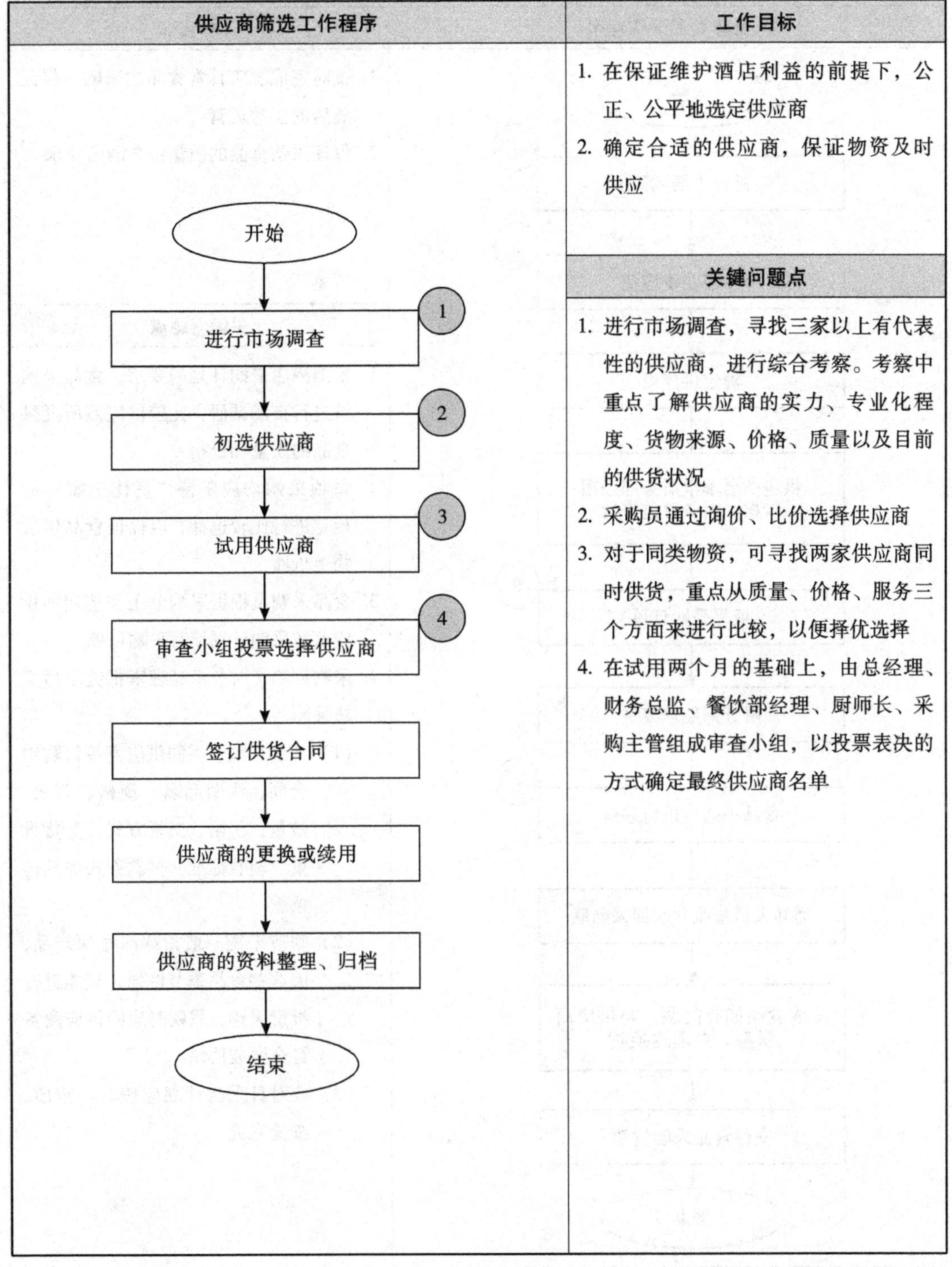

<table>
<tr><th rowspan="4">供应商筛选工作程序</th><th>工作目标</th></tr>
<tr><td>1. 在保证维护酒店利益的前提下，公正、公平地选定供应商
2. 确定合适的供应商，保证物资及时供应</td></tr>
<tr><th>关键问题点</th></tr>
<tr><td>1. 进行市场调查，寻找三家以上有代表性的供应商，进行综合考察。考察中重点了解供应商的实力、专业化程度、货物来源、价格、质量以及目前的供货状况
2. 采购员通过询价、比价选择供应商
3. 对于同类物资，可寻找两家供应商同时供货，重点从质量、价格、服务三个方面来进行比较，以便择优选择
4. 在试用两个月的基础上，由总经理、财务总监、餐饮部经理、厨师长、采购主管组成审查小组，以投票表决的方式确定最终供应商名单</td></tr>
</table>

四、批量食品采购程序与关键问题

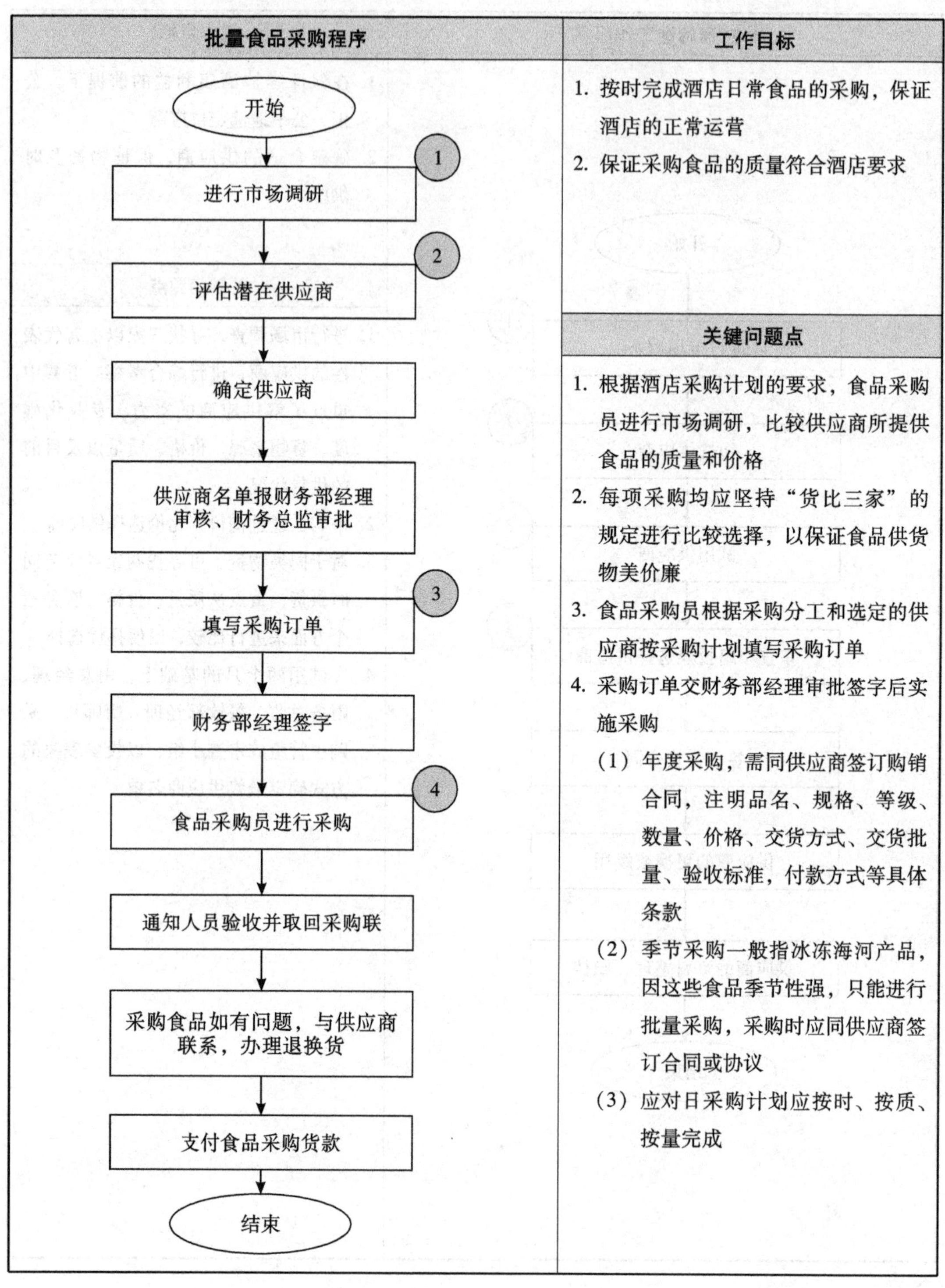

第四节 采购处服务标准与服务规范

一、酒店采购招标实施规范

酒店财务部服务标准与服务规范文件		文件编号		版本	
标题	酒店采购招标实施规范	发放日期			

1. 目的

为了规范酒店物资采购和外包服务项目招投标的工作程序，降低酒店物资采购成本与外包服务项目费用，特制定本规范。

2. 适用范围

（1）对酒店年预算在5万元及以上的物资采购和外包服务项目，必须以招投标的方式决定供应商或外包服务单位。

（2）重要外包服务项目不限金额，一律采取招标方式。

（3）对年预算支出超过100（含100万元）万元的经济业务项目，须在酒店宣传栏、酒店公开网站或相关报刊上发布信息，进行公开招标。

（4）对年预算支出不超过100万元的经济业务项目，可进行定向邀请招标。

3. 酒店招投标组织机构

酒店成立招标领导小组。该小组由酒店总经理、各总监、项目有关部门经理、财务部等相关人员共同组成，酒店总经理任领导小组组长，财务总监任副组长。

4. 酒店招投标程序

（1）财务部会同使用部门，根据酒店物资采购申请和外包服务申请，具体负责编制招标文件并组织招标。招标文件不得要求或者标明特定的投标人或者产品，不得含有倾向性或者排斥潜在投标人的内容。

（2）酒店大型设备的维修保养招标，需由酒店工程部提出具体标的要求，并明确维修保养单位的资质要求。

（3）财务部采购主管及相关采购人员必须结合多方意见，进行广泛的市场调研后，提交10家以上符合招标资格条件的单位，经招标领导小组进行资质核定，现场考察后，选择三家以上的投标人，向其发出投标邀请书。

（4）对经济业务在100万元以上的项目，需提前五日将招标相关信息及资格预审公告登在酒店宣传

（续）

栏，并通过报刊或酒店网站公布投标人资格条件。要求投标人应在资格预审公告期结束之前，按公告要求提交资格证明文件。

5. 招标邀请书包括的内容

招标邀请书主要包括以下6项内容。

（1）投标邀请。

（2）投标人须知，包括密封、签署、盖章要求等。

（3）投标人应当提交的资格、资信证明文件。

（4）合同主要条款及合同签订方式。

（5）招标项目的技术规格、要求、图纸及附件等。

（6）交货和提供服务的时间。

6. 组织现场考察

根据招标项目的具体情况，可以组织投标人现场考察或者召开开标前答疑会，但不得单独或者分别组织只有一个投标人参加的现场考察。

7. 开标前准备工作

（1）开标前，有关工作人员不得向他人透露已获取招标文件的投标人，包括其名称、数量以及可能影响公平竞争的有关招标投标的其他情况。

（2）酒店招标领导小组负责收取投标文件。在招标文件中明确规定的投标截止时间之后，所有送达的投标文件，均为无效，应当拒收。

8. 开标

（1）开标时，招标领导小组应到现场监督开标，并由招标领导小组成员检查投标文件的密封情况，经确认无误后，由招标工作组人员当众拆封，宣读投标人名称、投标价格、价格折扣，招标文件允许提供的设备投标方案和投标文件的其他主要内容。

（2）开标过程由酒店招标领导小组指定专人负责记录，并存档备查。招标领导小组应按规定的评标办法进行评标。

9. 评标报告

招标领导小组负责编写评标报告，其主要内容包括以下四个方面。

（1）投标人名单及招标操作小组成员名单。

（2）开标记录和评标情况及说明。

（3）评标结果和中标候选单位有关资料。

（4）招标领导小组的授标建议。

10. 审批与执行

招标领导小组汇签评标报告后，将其上报总经理审批，审批结果由招标领导小组负责落实执行。

（续）

签阅栏		如同意下述两点，请在签阅栏处签字 （1）本人保证严格按此文件要求执行工作 （2）本人有责任在发现问题时，第一时间向本文件审批人提出修改意见			
相关说明					
编制人员		审核人员		审批人员	
编制日期		审核日期		审批日期	

二、采购订单跟踪工作规范

酒店财务部服务标准与服务规范文件		文件编号		版本	
标题	采购订单跟踪工作规范	发放日期			

1. 订单跟踪总体要求

当订单发出后，采购员需要跟踪整个过程直至收货入库。

2. 取消采购订单的处理

（1）酒店取消订单。如因某种原因，酒店需要取消已发出的订单，供应商可能提出取消的赔偿，因此财务部必须预先提出有可能出现的问题及可行解决方法，以报相关领导做出决定。

（2）供应商取消订单。如因某种原因，供应商取消了酒店已发出的订单，财务部必须迅速寻找到另一家供应商，并立即通知需求部门。为保障本酒店的利益，供应商必须赔偿酒店人力、时间及其他经济损失。

3. 违反合同的处理

合同上应载明详细细则，如有违反，应依合同规定进行处理。

4. 采购交货延迟处理

（1）供应商未能如期交货的，采购员应及时同供应商取得联系，了解未如期交货的原因，并同供应商协商处理对策。

（2）凡未能按时、按量采购所需物资，并影响申购部门正常经营活动的，需填写“采购交货延迟检讨表”，说明原因及跟进情况，并呈财务部上级领导批示。

5. 采购物资维修保养问题的处理

（1）如所购买的物资需要日后维修保养，选择供应商便需要注意这一项。

（2）对大型设施设备的购买，采购员要向工程部咨询有关自行维护的可能性及日后保养维修方法。

（3）对大型设施设备的购买，采购员事先一定要向工程部了解所购设施设备能否与酒店现有的配套系统兼容，以免造成不能配套或无法安装的情况。

（续）

<table>
<tr><td colspan="6">6. 档案储存
（1）所有供应商名片、报价单、合同等资料须分类归档以备查。
（2）采购员自购物资的价格信息，必须每天录入到酒店价格信息库。</td></tr>
<tr><td>签阅栏</td><td></td><td colspan="4">如同意下述两点，请在签阅栏处签字
（1）本人保证严格按此文件要求执行工作
（2）本人有责任在发现问题时，第一时间向本文件审批人提出修改意见</td></tr>
<tr><td>相关说明</td><td colspan="5"></td></tr>
<tr><td>编制人员</td><td></td><td>审核人员</td><td></td><td>审批人员</td><td></td></tr>
<tr><td>编制日期</td><td></td><td>审核日期</td><td></td><td>审批日期</td><td></td></tr>
</table>

三、食品采购实施工作规范

<table>
<tr><td colspan="2">酒店财务部服务标准与服务规范文件</td><td>文件编号</td><td></td><td>版本</td><td></td></tr>
<tr><td>标题</td><td>食品采购实施工作规范</td><td>发放日期</td><td colspan="3"></td></tr>
<tr><td colspan="6">一、市场调查
（一）调查人员及频率
1. 由采购员、收货员、厨师长组成调查小组，每月进行至少两次市场调查。
2. 调查后需有调查记录，记录调查人员、调查时间、调查地点以及调查情况，参加人签字后交财务部。
（二）调查时间及地点
1. 调查地点以供应商所在市场为准。
2. 不能选择雨雪天或极端天气情况的当日或次日调查。
3. 每 15 天对选择的调查时间及调查地点调查一次，以批发市场早市开市期间为调查期间。
（三）调查方法和程序
1. 询价后要与对方做好议价、还价工作，切忌只记录卖方的一口价。
2. 调查小组应遵循先鲜货、蔬菜后干货调料、粮油、酒水的原则。
3. 调查时可采用望、闻、问、摸等手段，必要时可采样，要知道食品及原料的生产地、规格以及保质期等详细资料。
4. 除实地调查外，可以参照当地报纸、杂志、电视所刊登的价格，同行报价也是调查手段和依据。</td></tr>
</table>

（续）

（四）调查结果

调查结果由调查小组结合当地调查结果与咨询结果综合讨论通过。

二、食品采购需索取的证件

采购员必须熟悉本酒店所用的各种食品与原料的品种及相关的卫生标准、卫生管理办法和其他法律法规要求，掌握必要的食品感官检查方法。采购食品要向供货方索取卫生许可证及检验合格报告单。

1. 采购肉类食品必须索取兽医卫生检验合格。

2. 采购酒类、罐头、饮料、糖果、乳制品、调味品等食品，应向供货方索取本批次的卫生检验合格证或检验单、生产者的卫生许可证和经营者的卫生许可证。

3. 采购进口食品必须有中文标识。

4. 采购定型包装食品，商标上应有品名、厂名、厂址、生产日期、保质期（保存）等内容。

5. 采购大米、食用油、其他肉类、蔬菜等必须要与卖方签订协议，定点购买。

三、采购定价

（一）设立询价员

由厨师长、采购员、收货员组成，三人每月初、中旬分两次入市询价，在市场调查的基础上，每半月询一次价格。

（二）定价程序

财务部经理会同采购主管根据市场调查结果，跟供应商询价、议价后制定，经财务部经理与采购主管签字后，形成书面文件通知采购员与财务部会计人员按此执行。

（三）价格管理原则

对供货价格实行最高限价制，即根据不同的物资制定不同的限价范围。

1. 零星食品的采购不得高于市场零售价的6%。

2. 干货、调料、粮油等执行不得超过市场批发价的5%。

3. 鱼类、肉类、鲜活等执行价格不得超过市场批发价价的4%。

4. 蔬菜平均在1元以下者，其执行价格不得高于市场批发价的15%；价格在1元以上者，不得高于市场批发价的10%。

5. 春节、国庆等节假日期间以及灾害性天气持续较长月份，由于供货价格波动太大，定价范围可以适当放宽。

四、申购程序

酒店所有部门申请购买的食品都必须得到主厨或仓管员的审批和确认，主厨和仓管员可以直接向财务部提交采购申请单，并在单上注明目前库存量和平均消费量。

（一）日需食品的申购

1. 由仓管员提单（市场单），一式三联，必须填写库存量和所需订购数量，然后送交主厨。

2. 主厨检查订购数量，必要时做删减或增补，采购主管或采购员根据此单寻找最合理的价格并填在市场单上。

（续）

3. 市场单一联送到仓库，作为确认所购食品的凭证，当仓库收到所购食品后，验货员将票和市场单一起送到财务部。

（二）干货的申购

干货的采购（食品单）和食品采购程序一样，每周采购一次，食品单的一份由厨房保存，其他两份分别送到仓库收货组和财务部采购处。

（三）饮品的申购

1. 饮品单由酒水仓管员填写目前库存量和需要订购的数量，然后将此单送到财务部审查。

2. 经餐饮部经理批准，一份由酒水仓管员保存，另外一份送到财务部采购处下订单，酒水仓管员根据库存量和营业消费情况，每周有计划地订购一次。

五、采购数量的确定原则

为降低采购成本，减少资金占用，应根据勤进快销的原则，按单采购的原则来确定采购数量。

（一）鲜货、蔬菜、水产品的采购数量

1. 此类原料实行每天采购，一般要求供应商送货。

2. 用上述原料的部门每日营业结束前，根据存货、营业情况、储存条件及送货时间，提出次日的采购数量。

（二）库存食品（干货、酒水、调料、粮油等）的采购数量

1. 此类食品的采购数量应综合考虑经济批量、采购周期、资金周转及储存条件等因素，根据最低库存量和最高库存量而定。最高库存量不得高于15天的用量，最低不得低于1天的用量。

2. 库存量上下限的计算公式：最低库存量等于每日所需量乘以发货天数，最高库存量等于每日所需量乘以15天。

六、食品购买

采购主管根据各部门上报的数量及库存情况，按照上述各项原则，制订月度采购计划，交财务部经理审核、财务总监审批后，然后交食品采购员实施采购。

签阅栏		如同意下述两点，请在签阅栏处签字 （1）本人保证严格按此文件要求执行工作 （2）本人有责任在发现问题时，第一时间向本文件审批人提出修改意见			
相关说明					
编制人员		审核人员		审批人员	
编制日期		审核日期		审批日期	

四、用品采购实施工作规范

酒店财务部服务标准与服务规范文件		文件编号		版本	
标题	用品采购实施工作规范	发放日期			

一、目的

为了加强对酒店用品采购的管理，使酒店用品质量符合要求，确保酒店的正常运营，特制定本规范。

二、适用范围

本规范适用于各类酒店用品的采购管理，包括布草、洗浴设备、工服工装、一次性用品、客房备品、塑料袋、清洁用品、菜牌等物资的采购工作。

三、酒店用品采购申请

（一）定型酒店用品的请购

1. 定型酒店用品，由仓库管理人员根据酒店用品库存的最高储备量、最低储备量及使用部门的使用情况，及时向财务部采购处提出申购。

2. 酒店用品采购员根据定价填写“酒店用品采购申请单”（一式四联）交财务部采购主管签字，后呈交财务部经理、财务总监审核。

（二）非定型及计划外用品请购

1. 使用部门根据营业上的需要，直接填酒店用品采购申请单申购，并注明申购物资的名称、规格、型号、数量，由使用部门经理签名后交仓库管理人员核实库存情况。

2. 仓库管理人员签字后交财务部采购处办理，采购员根据定价填制“酒店用品采购申请单”后交财务部经理核定，并呈交财务总监审核（使用外币的需总经理签名批准）。

3. 采购申请审批后，财务部采购处据此办理采购。

（三）各部门急需使用的酒店物品请购

可填写一式四联的“紧急采购订单”，请购部门经理签名后转财务部采购处办理，采购员据其采购完毕后，再根据相关规定补办订货手续。

（四）固定资产、大宗采购及使用外币购买

请购部门填写设备采购申请单、酒店用品采购申请单等交财务部采购处，财务部采购处先草拟报告上报总经理批准后，方可实施采购。

四、编制酒店用品采购计划

（一）年度、月度计划

1. 各部门根据本部门使用各类物资的情况，编制出物资年使用量、月使用量计划表交仓库管理人员。

2. 仓库管理人员根据物资的库存情况，制订出实际采购的数量的年度计划和月度计划。

3. 财务部采购处根据各部门请购状况，编制年度、月度采购计划。

（续）

（二）长线酒店用品采购计划

每季度先由各使用部门根据营业情况填请购单申购，采购员先联系厂家订货，然后按使用部门要求的到货时间和数量，通知厂家分批到货。

（三）能源类、油、气的订货计划

由工程部油库按照宾馆设备和车辆的油、气消耗情况以及营业状况，每年与石油公司、煤气公司签订订货合同，然后每月按实际用量出请购单申购，采购员再落实购买，并按工程部要求的送货日期和用量通知客户分批到货。

（四）办公用品采购

由仓库管理员统计品种、数量，于每月的25日前统一填采购申请单办理申购手续，采购员联系各供应商订货，并于次月的7日前将用品送至仓库。

五、市场价格调查与限价

（一）限价物资和用品范围

1. 不属于法律规定必须进行招标的酒店用品。

2. 在规模上未达到必须招标要求的酒店用品。

（二）酒店用品价格确定

1. 各部门已确定样板、需常年订货、变化不大的酒店用品，财务部采购处应每半年制定一次限价。由采购员提供各部门的长线物资样板给供应商，供应商按样板要求报价后，结合三家以上供应商的报价填制“酒店用品价格对比表”，对比表交财务部经理核定价格后签名，并呈交财务总监审核价格，总经理批准同意后采购员方可按此价格执行。

2. 已经定价的品种，中途不得变更价格，如因改变样板或其他特殊原因，应重新制定限价。

3. 对于不定型、规格变化较大、价格受市场变化影响较大和特殊的非定价品种，应先找厂家报价，采购员了解市场价格并洽谈压价，价格交财务部经理审核后，上报财务总监审核后，采购员按此价格执行。

4. 每月的办公用品，采购员先将仓库管理人员交来请购单的订货品种和数量交三家客户报价，然后根据客户的报价参考政府当年采购日常办公用品协议价格进行价格、质量对比，在同等条件下按“价低者得”的原则定价，后交财务部经理核定价格签名并报财务总监审核。

5. 对于进口物品需使用外币结算的，采购金额较大、数量较多的设备及零件等，要归集三家以上供应商的报价等情况（独家代理或特殊品种）的除外，草拟报告上报总经理批准后方可执行。

六、采购实施控制

（一）订购管理

1. 采购员根据核准的采购计划，按照用品名称、规格、型号、数量、单位行适时采购，以保证供应。

2. 大宗用品或长期需用品，根据核准的计划可向有关的工厂、酒店、商店签订长期的供货合同、协议，保证酒店用品的质量、数量、规格、品种和供货要求。

（续）

<table>
<tr><td colspan="6">

3. 计划外和临时少量急需品，需经总经理或总经理授权的有关部门经理批准后方可进行采购，以确保使用部门需要。

（二）采购合同管理

合同一式两份，本酒店保留的合同原件交财务部存查并办理付款手续。合同上须注明购货数量、购货金额、规格、交货时间及地点、制作要求及质量、保修期、违约责任等有关事项，并交使用部门和酒店法务部门审核修改，再与对方公司签订购销合同。

七、采购跟踪

（一）采购订单跟催

采购订单发出后，采购人员需要跟催整个备货过程直至收货入库。

（二）采购订单取消

1. 酒店取消订单。如因某种原因，酒店需要取消已发出的订单，财务部采购处必须预先提出有可能出现的问题及可行解决方法，降低对供应商的赔偿额。

2. 供应商取消订单。如因某种原因，供应商取消了酒店已发出的订单，财务部采购处必须能找到另一供应商并立即通知请购部门。为保障酒店利益，必须要求供应商必须采购人力、时间及其他经济损失。

八、用品验收入库

1. 无论是直拨使用部门的物资或验收入库的物资，采购员均应协助收货人员根据订单内容验收，并与供应商共同签收。

2. 物资的验收由使用部门或仓库管理人员具体负责，如因规格、质量、数量、包装等问题使用部门或仓管部要求退、换货，采购员应了解具体情况，并联系供应商尽快解决。

3. 供应商如未按期交货，采购部也应安排好收货人员，确保货到后随时有人收货。

</td></tr>
<tr><td>签阅栏</td><td></td><td colspan="4">如同意下述两点，请在签阅栏处签字
（1）本人保证严格按此文件要求执行工作
（2）本人有责任在发现问题时，第一时间向本文件审批人提出修改意见</td></tr>
<tr><td>相关说明</td><td colspan="5"></td></tr>
<tr><td>编制人员</td><td></td><td>审核人员</td><td></td><td>审批人员</td><td></td></tr>
<tr><td>编制日期</td><td></td><td>审核日期</td><td></td><td>审批日期</td><td></td></tr>
</table>

第五节 采购处服务常用文书与表单

一、采购申请单

编号：　　　　　　　　　　　　　　　　　　　　　　　　日期：____年____月____日

库存数	上期单价及供应商	月度用量	物资名称及规格型号	数量	单价	总额	本期供应商
如需进口或特殊要求，请说明理由							
付款方式							
申请理由							
填表人							
申购部门经理签字		采购主管签字		财务部经理签字			
财务总监签字		总经理签字					
备注							

注：本表一式四联，一联交财务部采购处，一联交仓储部收货组，一联交财务部财务处，一联由申购部门留存，各联用不同颜色予以区分。

二、采购计划表

编号：　　　　　　　　　　　　　　　　　　　　　　　　日期：____年____月____日

物资品名	规格	单位	单价	月末库存	核定库存量	采购		备注
						数量	金额	
填表人		财务部经理		财务总监		总经理		

三、采购询价记录表

编号： 日期：____年____月____日

采购计划单单号			询价单单号		申请采购物资品名	
供应商	联系人	电话	供应商报价（单位：元）			备注
			出厂价	批发价	零售价	
平均价						
询价采购员			询价日期		____年____月____日	

四、比价议价记录表

编号： 日期：____年____月____日

项目	供应商简称	原询单价	货币类别	议价后单价	议价后总价	付款条件		价格条件	交货日期	交运方式	采购拟购
						方式	天数				
品名											
规格											
数量											
单位											
核准人						检核人					
财务部经理						承办人					
备注											

五、采购用款申请表

编号：　　　　　　　　　　　　　　　　　　　　　　　　日期：____年____月____日

项目	单位	数量	单价	币种	金额合计	用途说明
使用部门经理签名						
采购主管签名						
财务部经理意见						
财务总监意见						
总经理意见						
备注						

注：本表一式两联，一联交财务部采购处，一联由申请部门留存，各联用不同颜色区分。

第六节　采购处服务质量提升方案

一、酒店设备采购招标方案

标题	酒店设备采购招标方案		文件编号		版本	
执行部门		监督部门		考证部门		

一、酒店设备采购招标项目概况

（一）招标项目内容

酒店的给排水、电力（照明）、暖通空调、多媒体/智能（弱电）、消防、防雷、燃气/蒸汽及压力用气、油库、厨房、洗衣房等各类设备。

（二）招标工作小组

酒店成立由工程部、财务部共同组成的设备采购招标工作小组，其中，财务部经理为招标组长，招标小组全面负责酒店设备的采购招标工作。

（三）招标签字合同有效时间

20 __年__月__日 ~20 __年__月__日。

（续）

（四）招标方式

公开招标。

（五）操作程序

1. 制定设备采购招标文件，发布招标公告。

2. 发出资格预审文件，投标人填写资格预审文件并提交。

3. 对投标人进行资格预审，符合资质条件的，发给资格预审合同通知书；不符合条件的，发出资格预审结果通知书。

4. 向通过资格预审的投标人发售招标文件等有关资料。各投标人在领取招标文件时，需交纳标书、资料押金等。投标人组织编制投标书。

5. 投标人到酒店招标采购中心报名，提交投标书和交纳投标押金。

6. 审定投标单位资质证明文件，必要时对其进行考察。

7. 组织开标、评标、定标，确定中标单位。

8. 公布招标结果，发出中标通知书。

9. 中标单位交纳履约保证金，并与酒店签订相关合同。

二、编制招标文件

（一）招标公告

招标公告一般包括招标项目名称、本招标项目采购资金量、招标项目编号、招标人及招标地址、投标报名时间、送交资格预审文件时间以及答疑时间、招标书的发售及截止时间、投标书接收人、开标时间以及开标、签订合同地点等。

（二）投标人及其授权代表资质要求

1. 具有独立承担民事责任的能力。

2. 在经营活动中没有重大违法记录。

3. 具有良好的商业信誉和健全的财务会计制度。

4. 具有履行合同所必需的设备和专业技术能力。

5. 有依法缴纳税收和社会保障资金的良好记录。

（三）投标人须知

投标人须知主要包括投标书编制要求、投标文件签署及份数要求、主要合同条款等内容。

1. 投标书编制要求

（1）报价：汇总投标的报价，在编制单价时应注意运输费用。

（2）投标保证金有效凭证复印件，正本中加盖投标人法人印章。

（3）资格证明文件（企业营业执照、法人证明文件、法人授权委托书、安全生产许可证、近3年相应专业的业绩证明）。

以上资料正本中加盖投标人法人印章。

（续）

2. 投标文件的签署和份数

（1）投标文件的正本需打印或用不褪色的墨水填写，并注明“正本”字样。副本可以复印。投标文件需由投标人盖章并由法定代表人或法定代表人授权代表签署，投标人应写全称。

（2）投标文件的份数：招标文件均1式2份，正本1份、副本1份按顺序装订成册。

（3）投标文件不得涂改和增删，如有错漏必须修改，修改处须由同一签署人签字或盖章。由于字迹模糊或表达不清引起的后果由投标方负责。

3. 投标书的递交方式及截止时间

（1）投标人递交投标书时，应将投标书密封，所有投标书必须在封口处加贴封条并加盖投标人公章和法人代表印鉴。

（2）投标人应在规定时间内将投标书递交给招标代理人。

（3）招标人可以按补充通知的方式，酌情延长递交投标书的截止时间。在这种情况下，招标人与投标人以前在投标截止日期方面的全部权利、责任、义务，将适用于延长后的新的投标截止日期。

4. 投标保证金数额及其他担保

（1）在招标投标程序中，如果投标人投标后擅自撤回招标，或者投标被接受后由于投标人的过错而不能缔结合同，那么招标人就可能遭受损失。因此，招标人可以在招标文件中要求投标保证金或其他形式的担保（如抵押、保证等），以防止投标投标人违约。

（2）投标保证金可以采用现金、支票、信用证、银行汇票，也可以是银行保函等。投标保证金的金额不宜太高，现实操作中一般不越过投标总价的2%，以免影响投标人的积极性。中标人确定后，对落标的投标人应及时将其投标保证金退还给他们。

5. 投标文件的修改和撤回

投标人在投标文件送达以后如必须撤回投标文件，必须在投标截止时间以前将书面的投标修改文件或撤标通知送达招标人。

6. 无效投标

发生下列情况之一的且评标委员会以少数服从多数原则认定后，投标文件被视为无效。

（1）未密封的。

（2）未按规定提供投标保证金的投标文件。

（3）未按招标文件要求编制或字迹模糊、辨认不清的。

（4）未加盖单位印章和法定代表人（签字）或其委托的代理人印章（签字）的。

（四）主要合同条款

合同条款应注明将要完成的交货时间、价格以及付款方式，招标人与中标人各自的权利和义务。除一般合同条款之外，合同中还应包括招标项目的特殊合同条款。

三、确定评标方法

招标小组在评标时将采用综合评分法，在最大限度地满足招标文件实质性要求前提下，按照招标文件中规定的各项因素进行综合评审后，以评审总得分最高的投标人作为成交候选供应商。

（续）

综合评分法的主要评价因素包括价格、交货期、售后服务以及相应的比重。其中，“价格”分值占总分值的权重为40%，“交货期”分值占总分值的权重为35%，“售后服务”分值占总分值的权重为25%。具体评分细则如下。

（一）优势评价

评委对所投产品是否环保、有无权威部门出具的检测认证等进行评审。

（二）综合评价

评委对所投产品的品牌知名度、新技术先进性及性能价格比等进行评审。

（三）价格（40分）

价格分统一采用低价优先法，即满足招标文件要求且投标价格最低的投标报价为评标基准价，其价格分为满分。其他投标人的价格分统一按照下列公式计算：

$$\text{投标报价得分} = \frac{\text{评标基准价}}{\text{投标报价}} \times 40\% \times 100$$

（四）交货期（35分）

各投标人比较，交货期最短的得满分，最长的扣5分，其他的酌情扣分。

（五）售后服务体系（25分）

主要考虑服务组织机构、服务管理制度、服务响应时间、配品件的优惠供应、设备维护期等方面。有完备的售后服务计划的得满分，其他的酌情扣分。

（六）优惠条件

根据投标人具体投标优惠条件（除报价以外的优惠）进行比较，主要考虑优惠条件的实用性及实际价值。各投标人比较，较多得5分，一般得3分，没有得0分。

（七）资信证明

出具金融机构或相关的资信评估机构出具的资信证明的，级别高、数量多、权威性高的（如3A级）得3分，级别较高、数量较多的（如2A级）得2分，一般的（如A级）得1分，没有资信证明的得0分。

四、发布招标公告

酒店招标小组根据《招标投标法》规定的报刊、信息网络或其他媒介发布招标公告。

五、开标与评标

（一）开标

1. 酒店采购招标小组将在招标项目信息中规定的时间和地点开标。开标时间如有变动，另行通知。

2. 开标必须在三分之二以上评标专家在场的情况下进行。

3. 同意撤回的投标不予开封。

（二）评标、定标

1. 开标后，直到中标人签订合同为止，凡是与审查、澄清、评价和比较投标的有关资料以及接受建议等，均不得向投标人及其他无关人员透露。

（续）

2. 开标后，评标小组审查投标书是否完整，文件签署是否合格，投标书是否符合招标文件要求。

3. 评标小组将首先审查每份投标书是否响应了招标文件的要求，实质上响应的投标应该是与招标文件的全部条款、条件和规格相符，没有重大偏离或保留。

4. 招标小组将对确定为实质上响应的投标进行详细审核，如果数字表示的金额和用文字表示的不一致时，应以文字为准。

5. 为有助于投标的审查、评价和比较，评标小组可要求投标人对标书的内容进行澄清。

6. 采用招标文件中的综合评价法，按竞标人综合分的高低排序（得分相同的，根据资质分排序，如资质分也相同，按报价排序）确定前 3 名为中标人。

（三）发放中标通知书

1. 招标人将以书面形式通知中标人。

2. 招标人将把中标通知书授予最佳投标者，但最低报价不是中标的保证。

3. 招标人在向投标人授予中标通知书时，有权同将授予中标通知书的投标单位变更数量和服务内容。

4. 招标人对未中标的单位原则上不作落标原因的解释。

六、签订合同

（一）双方签订合同

中标人应按中标通知书规定的时间、地点与买方签订合同。

（二）合同附件

招标文件、中标人的投标文件及投标修改文件、评标过程中有关澄清文件及经双方签字的询标纪要和中标通知书均作为合同附件。

（三）拒签合同处理

1. 招标人拒签合同的，向中标人退还双倍的投标保证金，并赔偿由此给中标人造成的损失。

2. 中标人接到中标通知书后，在规定时间内借故否认已经承诺的条件而拒绝合同者，以投标违约处理，其投标保证金不予退回；给招标人造成损失的，由中标人负责赔偿；招标人重新组织招标的，所需费用由中标人承担。

七、相关资料的存档

招标采购技术后，投标书、招标文件以及供应商相关资料由专人保管，以备查看。

相关说明	

二、食品采购价格控制方案

标题	食品采购价格控制方案		文件编号		版本	
执行部门		监督部门		考证部门		

一、目的

为了以合理的价格获得理想食品，特制定本方案，为食品采购价格控制提供以下五种措施。

二、规定限价

由于食品市场价格波动较大，采购人员必须根据市场价格状况，准确确定原料的采购价格范围，施行限价采购。

1. 对于经常使用、食品质量、价格情况随季节变化不大的食品，每半年制定一次限价，半年定价品种包括：酒水、调味副食品、干货海味、粮油糖等。

2. 对于价格会随时间波动的品种，应实行每半个月制定一次限价，限价的品种包括：海鲜、水产品、冻品、蛋禽肉、蔬菜、水果等。

3. 属不常用、季节性较强、价格易变或特殊品种，不是急用的非定价品种，事前要了解市场价格，经三家对比价格，并征询主管经理意见后再落实供货单位。急用的非定价品种，要立即进行多家询价，选择质优价廉者，并提请经理确认。

4. 已经定价的原料品种，中途不得变更价格，如特殊情况需要更改，采购员和餐饮部主管应进行多家询价和市场调查再进行调价；价格调低的由采购员列明品种和新旧价格，餐饮部主管核对签名后交财务部调价，价格调高的则列明品种、新旧价格、调价原因，上报财务总监批准后交财务部调价。

三、固定购货渠道和供应商

1. 因为如果一直按照最低价选择供应商，就需要多次寻找供应商，工作量很大，且增加采购成本，所以一般情况下，本酒店财务部采购处需固定购货渠道和供应商。现有供应商不能够提供所需食品或价格上涨时，再另行寻找供应商。

2. 本酒店财务部采购处应与供应商协商价格，确定长期供应关系，从而方便采购工作，并且可保证食品质量。

四、实施集中采购

1. 本集团下属所有酒店、餐饮集团应提前预计食品用量，报集团采购部实施统一集中采购。

2. 对于大批实用食品，例如粮油、调味品、乳品等原料由采购部一次性购入，降低采购价格。

3. 对本集团消耗量较大的餐饮食品，应根据实际使用情况控制采购数量，集团采购部需严格审核请购数量和其他情况，并将最终采购供应商上报总经理决策。

五、根据市场价格变动情况适时适量采购

1. 对于本酒店长期使用并且易存放、存放不影响口感的食品，应根据市场供应状况，在价格较低

（续）

<table>
<tr><td colspan="2">存储期允许的情况下，适度加大采购量。
2. 当市场价格处于回落状态时，应根据用量严格控制采购量，避免造成资金积压；等价格稳定或呈现攀升趋势时再行添购。
3. 在原料的包装规格有大有小时，需大批量购买厨房可使用的大规格包装原料，降低单位价格。
六、减少中间环节
1. 采购员应定点与无公害、绿色蔬菜种植基地和禽畜饲养基地建立合作关系，保证食品质量，减少中间环节，降低食品采购成本。
2. 采购员一般应抛开供应单位，直接与批发商、制造商、种植基地采购，最大程度的减少中间环节，降低采购价格。</td></tr>
<tr><td>相关说明</td><td></td></tr>
</table>

三、用品采购定价管理方案

<table>
<tr><th>标题</th><th colspan="2">用品采购定价管理方案</th><th>文件编号</th><th></th><th>版本</th><th></th></tr>
<tr><th>执行部门</th><th></th><th>监督部门</th><th></th><th>考证部门</th><th colspan="2"></th></tr>
<tr><td colspan="7">一、方案规划
（一）目的
为做好酒店各类用品的采购定价工作，保证以最低的价格采购到符合要求的用品，严格控制采购成本，特制定本方案。
（二）采用招标进行定价的范围
招标定价适用于一次性采购规模达到或超过规定限额的用品、原材料。
（三）不采用招标进行定价的范围
1. 根据国家法律法规及酒店规定，不属于必须进行招标采购的用品、原材料。
2. 在一次性采购规模上未达到必须进行招标采购要求的用品、原材料。
二、一次性采购规模达到或超过规定限额的用品、原材料的定价
酒店组建专门采购工作小组会同使用部门按邀请招标工作规程的部分规定，并参照《政府采购货物和服务招标投标管理办法》进行定价。
三、一次性采购规模未达到规定限额的用品、原材料的定价
（一）长线用品的定价
1. 长线用品，主要是指各部门已确定样板、需常年订货、规格变化不大的用品。
2. 长线用品的具体品种及其定价频率如下表所示。</td></tr>
</table>

（续）

长线用品品种及定价频率表

长线用品品种	定价频率
工衣、制服等服装类	每半年进行一次定价
各类纸巾、保鲜纸、纸杯等一次性用品类	每半年进行一次定价
各大浴巾、床单、被套等布草类	每半年进行一次定价
客房备品、塑料袋、调酒棒等百货类	每半年进行一次定价
洗浴液、清洁用品、洗衣用料等化工类	每半年进行一次定价
酒店固定使用的表格、菜牌、宣传册等印刷品类	每季度进行一次定价

3. 长线用品的定价程序如下图所示。

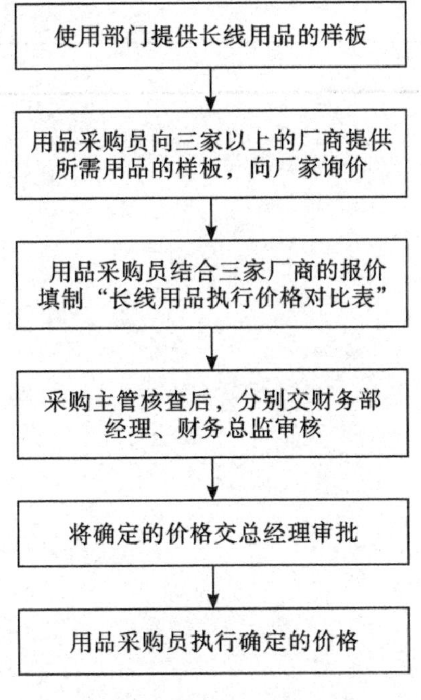

长线用品定价程序示意图

（二）不定型、规格变化较大、价格受市场变化影响较大和特殊的非定价品种定价

1. 用品采购员寻找供应商，向三家以上供应商询价。

2. 用品采购员根据了解的市场价格进行洽谈、议价。

3. 经谈判确定的价格交采购主管、财务部经理审核后，上报财务总监审核，并经总经理审批后，采购员方可按此价格执行。

（续）

<table>
<tr><td colspan="2">（三）对于进口需使用外币结算、采购金额较大、数量较多的设备及零配件的定价
由采购主管组织收集三家以上供应商的询价结果、生产技术等信息资料（独家代理或特殊品种的除外），草拟询价与定价报告，上报财务部经理、财务总监审核及总经理批准后方可执行。
四、定价的执行与监督
（一）定价的执行
1. 对于已经定价的用品，必须严格按所定价格执行，中途不得变更价格。
2. 如因改变样板或其他特殊原因，应根据使用部门提供的新样板或由供应商按酒店的使用要求提供样板，然后按上述定价程序执行以确定新的采购价格。
（二）对采购价格执行的监督
1. 对于各种用品的价格，财务部经理应不定期组织人员到有关市场了解价格变动情况。
2. 财务部经理定期或不定期组织考察供应商的生产、质量等情况，确保所采购的用品物美价廉。</td></tr>
<tr><td>相关说明</td><td></td></tr>
</table>